子どもの発達障害と二次障害の予防のコツがわかる本

のコツがわかる本

前田智行 Maeda Tomoyuki

ソシム

はじめに

　本書のテーマは「発達障害×二次障害」です。私は放課後等デイサービスでの療育活動や研究会での相談業務を通じて、日々子どもの発達に関わる悩みの相談を受けています。

　発達障害の知識が広まり、昔より家庭・学校で広く支援が入るようになりました。この変化は世界が驚くほど早く、日本の底力を感じています。一方、今相談に上がってくることが多いのは、不登校や非行、パニック・かんしゃくが多い、自傷行為、ゲームへの依存など、発達障害をベースに二次障害を抱えた子どものケースです。

　本書では、発達障害の子どもの支援に関わっている学校現場の先生や療育活動に従事している施設職員の方などを対象に、二次障害の特徴と予防方法について解説しています。

　第1章では、最初に二次障害とは何かを紹介し、発達障害の子どもがなぜ二次障害になりやすいのかを解説しています。

　第2章では、二次障害の子どもの支援を考えるときに、重要なアセスメント（分析）について紹介します。

　第3章は、近年現場で話題に上がることが増えた、アタッチメント（愛着）と発達障害の関連について解説しています。

　第4章は、相談ケースのなかでも特に多い「不登校」について、どう子どもの心を理解して、支援を展開していくのかを解説しています。

　第5章では、実際の二次障害の相談事例をもとに、現場でできる支援について紹介していきます。

　各項目は見開き2ページを基本にして、なるべく平易な言葉で解説してみました。読者のみなさんの現場の課題の解決と、目の前の子どもたちの笑顔につながれば幸いです。

2023年9月

前田 智行

はじめに

第 1 章

発達障害の子どもに多い 二次障害とは何か？

第 2 章

二次障害の
アセスメントのコツ

第 3 章

発達障害とアタッチメントの特徴

第 4 章

不登校と発達障害についての支援のしかた

第 5 章

二 次 障 害 を 予 防 す る 子 ど も 対 応 の コ ツ

第 1 章

発達障害の子どもに多い
二次障害とは何か？

この章では、発達障害の子どもに多い二次障害の特徴
や基本的な対応方法、ADHD・ASD・LD という特性
ごとの理解、環境調整の方法の例などについて解説し
ます。

二次障害とは何か？

二次障害は、生まれつきの個性である「一次障害」に加え、精神症状の発症や不適切な行動の学習などの二次的な問題が起きている状態です。

💡「二次障害」とは？

現在、自閉スペクトラム症（以下、ASD）や注意欠如・多動症（以下、ADHD）などの「**発達障害**」は、急速に認知が広まっています。

発達障害の個々の特性への対応・支援の具体的な知見も全国の自治体や現場では共有されるようになりました。「日本は特別支援教育の導入が遅い」といわれていましたが、ここ10年で一気に諸外国に追いついてきた印象があります。

一方で、近年注目されているのが「**二次障害**」です。身体障害・構音障害・発達障害などの生まれつきの個性を「**一次障害**」と呼びます。そして、特性に合わない環境で過ごし、無理に適応しようとして、精神症状の発症や不適切な行動の学習、不登校・引きこもりなどの二次的な問題が起きている状態を、二次障害と呼びます。

💡 内在化と外在化

二次障害には、大きく2つの方向性があります。たとえば、友達に暴言や暴力を繰り返してしまったり、自傷行為に走ったりしてしまうなど、自分の外側にエネルギーが向かうことを、「**外在化**」や「**外向性反応**」と呼びます。

反対に、不登校やひきこもり、あるいはうつ病や不安障害などの精神障害など、自分の内側にエネルギーが向かう状態を、「**内在化**」や「**内向性反応**」などと呼びます。

これらの方向性は異なりますが、社会的に適切な対応方法を獲得できなかった結果として、二次的に発生している問題になります。

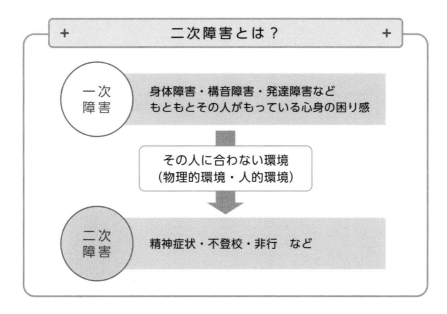

　この二次障害への支援や対応方法について、**主に「学校と家庭」を軸として、医療や福祉の社会的資源をどう連携しながら、支援を展開するのか**を本書では扱っていきます。

　二次障害は、様々な症状を包括した表現です。たとえば、本人の性格や特性に合わない環境で過ごしていると、「頭が痛いから学校を休みたい」「お腹が痛いので会社を休みたい」などのように、身体に症状が出ることがあります。

　また、うつ病や不安障害、PTSD（心的外傷後ストレス障害）などの心の課題（＝精神障害）も併存症と呼ばれたりしますが、これも広い意味で二次障害と呼ばれます。

　本書では、診断名だけでなく、発達障害を一次障害として、社会的に不適切な行動を誤学習したケースや、適応行動が未学習で発生しているような二次的に発生する問題を包括して、「二次障害」と呼びます。

POINT!

- 二次障害には、外在化（外向性反応）と内在化（内向性反応）の2つの方向性がある

二次障害の内在化と外在化

発達障害の子どもは、自分の性格や特性に合わない環境に置かれた場合、高いストレス状態に置かれてしまいます。

内在化と外在化

　内在化と外在化した問題は別物ではなく、相互に影響しています。

　もともと、自分の性格や発達障害特性に合わない環境に置かれた場合、「保護者や先生からの注意・叱責」「周囲の友達とうまく関係性を築けない」「配慮がなく、授業もうまく参加できない」などのような問題が発生し、心理的な負荷がかかります。

　その結果、自己肯定感の低下などの心理的な反応や叱責への反発、「なぜできないのか？」というフラストレーションが外に出ます。このような心理的な反応は、すべての人に見られますが、発達障害のある子どもは、高いストレス状態に置かれます。

　多くの子どもは、成長するなかで、これらのストレスを乗り越えて適切な対応方法を覚えていきます。しかし、発達障害の子どもは、適切な対処が難しかったり、適応行動を学習する段階でつまずいたりしてしまうことがあります。

　その結果、不登校や学校でいじめ被害に遭ったり、病院でうつ病の診断を受けたりするなど、二次障害は悪化していきます。診断を受けるレベルになると、回復には長い時間を要します。今困っている子どもたちへの対応と同時に、悪化を防ぐための予防体制を築くことが重要です。

　これらの二次障害の変化について、国立特別支援教育総合研究所の研究報告書では、二次障害の概念を整理しています（次ページ図参照）。

予防体制を築くために

　二次障害は発生要因が多いため、様々な知見が必要です。

内在化と外在化は相互に影響する

自分の性格・特性に合わない環境で過ごす
（大人からの叱責、周囲との不適応、配慮不足）

内側の反応（内向性反応）

| | 心理的反応 | | |

自己肯定感の低下
自己嫌悪、自暴自棄
無力感、意欲の低下

外側の反応（外向性反応）

怒る大人への反感
トラブルになる仲間への反感
できないことを要求する人への反感

内在化（内向性問題）

自分に否定的な言動の増加
不登校、ひきこもり、いじめ被害
学習その他への意欲の低下

二次障害

外在化（外向性問題）

暴言・暴力、反抗的な言動
ルール違反、器物破損
非行行動

内在化（内向性障害）

うつ病、不安障害
PTSD、愛着障害

二次障害・併存症

外在化（外向性障害）

反抗挑発症、反抗挑戦性障害
素行（そこう）症、行為障害
薬物依存等

※独立行政法人国立特別支援教育総合研究所 (2021)
『社会とのつながりを意識した発達障害等への専門性のある支援に関する研究』
「発達障害のある子供に二次障害として内向性症と外向性障害が発現する主な機序」をもとに作成

　第1章では二次障害支援の概要を紹介し、第2章以降で、二次障害につながりやすい発達障害の認知特性への対応や、アタッチメントと愛着障害、不登校・ひきこもりへの予防支援も併せて紹介しています。

POINT!

● 発達障害の子どもは、適切な対処が難しかったり、適応行動を学習する段階でつまずいてしまうことがあり、その結果、不登校やいじめ被害に遭うなど、二次障害は悪化していく

二次障害への
4つのアプローチ

二次障害に対する支援には4つのステップがあり、そのなかでも「環境調整」が特に重要になります。

💡二次障害への対応方法

　二次障害とは、本来のその人の性格や個性に適していない環境で過ごすことで現われます。たとえば下記のような状況です。

- 多動性が高い子にじっとしていることを強要する
  - ⇒教室からの飛び出しや教師への反抗
- わからない授業を強制的に受けさせ続ける
  - ⇒学校からの脱走や不登校
- クラスメイトからいじめを受ける
  - ⇒頭痛や腹痛などの身体症状が出て学校に来なくなる

　このように、特性的に困難でストレスが高い状態に置かれると、子どもはその状況から逃避するために、二次障害と呼ばれる様々な不適応行動や病態を発症します。

　そのため、二次障害の問題を考えるときには、不適応行動を改善しようとするのではなく、**第一に子どもが何に困っているかを観察・分析（アセスメント）することが重要**になります。

　そして、**その子に合っていない環境を変更し、適した環境にすることによって、二次障害を引き起こす要因を減らし、適切な行動を獲得できる土台を作ります。**

　その段階で、二次障害は減少していきますが、外在化した行動など、誤学習して獲得した行動は、適切な行動に教え直す必要があります。このように、本人への支援はアセスメントと環境調整をしたうえで行わないと効果がないため、最後の段階として行います。

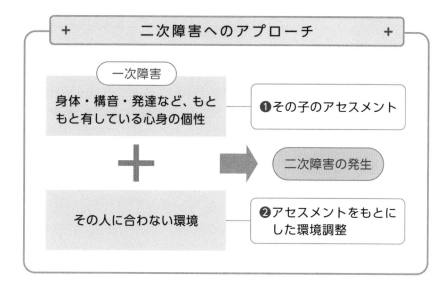

💡 2種類の環境の特徴

　環境には2つの種類があります。1つ目は、「**構造的環境**」です。

　たとえば、聴覚過敏な子が騒がしいクラスに置かれると、当然苦痛を抱えてその場にいることは難しくなるので、少人数の静かなクラスのほうが過ごしやすくなります。あるいは、触覚過敏を抱えて特定の素材の服しか着られない子の場合、「決められた制服を着ましょう」というルールの学校では、まともに過ごすことは困難です。このように、**物理的な教室環境やルールや制度など**が構造的環境です。

　2つ目は、「**人的環境**」です。これは、周囲の先生や保護者、友達がどれだけその子のことを理解しているのかを示します。

　たとえば、何をするか見通しが明確でないと不安なASDの子が、サプライズで突然予定を変更するのが大好きな先生に当たると、心が落ち着かなくなるのは予想できます。あるいは、下痢症状が強いのに「授業中はトイレに行くのは禁止！」というルールを作る先生のクラスでは、安心して通うことはできません。このように、**その子の実態を周囲の人がどれだけ理解をしているのか**を人的環境といいます。

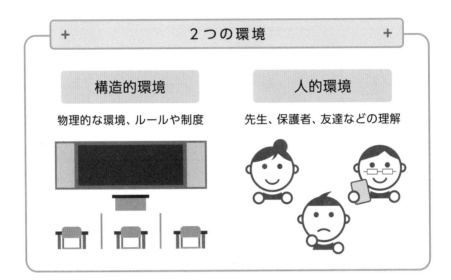

2つの環境

構造的環境
物理的な環境、ルールや制度

人的環境
先生、保護者、友達などの理解

本人への支援 ～適切な行動の獲得～

　最後に、適切な行動の獲得では、直接の支援が必要になります。パニックになって嫌なことを避ける、ストレスが高まると家族を叩くなど、**一度覚えてしまった不適応行動を適切な行動に変えていくのが主な方法**です。

　学校では、生徒指導という形で昔から行われますが、現在は、特別支援教育の分野の考え方も広まり、構成的グループエンカウンター（SGE）、応用行動分析（ABA）、ソーシャル・スキル・トレーニング（SST）、認知行動療法（CBT）など、その子自身の特性に合わせて、様々な手法を用いて教え直していくことがあります。

　一方で、成人当事者のなかには、何十年も合わない環境で過ごしたため、誤学習した行動を教え直すのが難しいケースもあります。そのため、理想的には**幼少期より本人に合わせた教育環境を用意し、二次障害が起きないよう育てていく、予防的な対応が重要**となります。

4つのステップ

　次ページ図のように、二次障害への対応は4つのステップに分かれま

二次障害への４つの支援ステップ

（ステップ❶）アセスメント

子どもの性格、趣味嗜好、発達特性を行動観察や心理検査等で把握

（ステップ❷）構造的環境の調整

教室の配置、感覚刺激への配慮、サポート道具の使用等の物理的な環境を変える

（ステップ❸）人的環境の調整

家族、親族、学校の先生、クラスメイト等の周囲の人の理解を進める

（ステップ❹）本人への支援

適切な行動の獲得、誤学習した行動の教え直し

す。１〜４の順番に行うことが理想ですが、緊急性の高いケースでは、４つのステップを同時・複合的に進めていく場合も実際の現場ではあります。したがって、その場の実態に応じて進めていけばよいというのが正直なところかと思います。

また、４つのステップのなかで、**特に重要なのは「環境調整」です**。昔、精神科医の方が、「うつ病の社会人の方は、会社を辞めて、お金を渡しなさい。すぐに治ります」と教えてくれたことがあります。実際には、ここまで極端な話ではないと思いますが、環境調整の効果をイメージするにはよい例えかと思います。

POINT!

●二次障害の支援には、「アセスメント」⇨「構造的環境の調整」⇨「人的環境の調整」⇨「本人への支援」の４ステップがある

二次障害への2段階支援

二次障害に対しては、「能動的要因」と「不作為要因」という2つの視点で支援を考えていく必要があります。

💡 能動的要因と不作為要因

　二次障害は、周囲の不適切な関わりで発生するケースが多いですが、このときは、「**能動的要因**」と「**不作為要因**」の2つの視点で支援を考える必要があります。

　能動的要因とは、たとえば、子どもを過度に叱る・怒る、あるいは家庭での虐待や学校での体罰・いじめなどの**明らかに不適切な関わり**を指します。そして、不作為要因は、子どもががんばっても褒めない、あるいは成長に必要な課題を与えないなど、**適切な関わりや支援を入れないこと**を指します。

💡 不作為行為は気づかれにくい

　能動的要因は見た目でわかりやすいため、周囲の人が気づいたり、児童相談所へ電話をするなど、対応が早く進むことが多いです。一方、不作為要因は、見た目ではわからないため、周囲に気づかれにくく、事態が悪化するまで支援が入らないことが多いです。

　近年、特別支援教育が普及し、発達障害の子どもにも支援が入りやすくなっていますが、一方で、課題を拒否したり、かんしゃくを起こしたりする子どもに対して、「好きなことをさせておけばおとなしいから」と考え、何も支援を入れないことがあります。

　能動的要因への対処はもちろん重要ですので、学校−保護者で協力して対策をしますが、その後は、「その子には何が必要で、どう教えればいいのか」という個別指導計画・個別支援計画を確実に立てて、子どもへの適切な行動を教えたり、個別に合わせた学習課題を出して、**不作為要因を減らすことを意識的に行うことが、二次障害対策となります。**

能動的要因と不作為要因

能動的要因	不作為要因
不適切な関わり	**適切な支援の不足**
●叱る・怒る ●いじめ・虐待・体罰 ●過剰な期待・賞賛 ●能力と不一致の課題	●褒めない・認めない ●信頼や期待をしない ●必要な課題を与えない ●役割を与えない
気づかれやすい 対策が入りやすい	気づかれにくい 対策が遅れやすい

💡 子どもに合わせた関わりの難しさ

　能動的要因のなかでも、過剰に褒めたり、過度に期待をすると、子どもにとってはマイナス要因になることがあります。**「子どもに合わせて、どう褒めるのか」という視点は常にもっている必要があります。**特に、褒める・期待するなどの一見ポジティブな関わりは、外から見て不適切な対応とはとらえにくく、子どもから表には出ないことがほとんどです。

　したがって、教師や保護者は、子どもに合わせた関わりを考えると同時に、子どもに嫌なこと、やめてほしいことを抵抗なく言える関係作りや、定期的なアンケートなどで子どもからのフィードバックを得られる環境作りも、二次障害予防には重要になります。

> **POINT!**
>
> ●能動的要因は、子どもを過度に叱る・怒るなどの明らかに不適切な関わりを指し、不作為要因は、子どもががんばっても褒めないなど、適切な関わりや支援を入れないことを指す

アセスメント①
ADHD（注意欠如・多動症）の特性を理解する

ADHD の二次障害の予防には、本人・周囲の人が特性を理解して適切な支援を行っていく必要があります。

発達障害の特性を理解して関わる

本項では、発達障害の特性と二次障害につながりやすいポイントを紹介します。発達障害の特性は、周囲から見て理解が難しい場合が多いため、「発達障害とは何か？」という知識が、子どもの理解に直結し、二次障害予防に重要となります。

ADHD の特性は誤解されやすい

ADHD の正式名称は「注意欠如・多動症」であり、名前の通り「**注意力が低い**」という特性です。そして、「**不注意・多動性・衝動性**」という3つの症状があります。

不注意症状が強いと、「忘れ物が多い」「時間を守れない」「片づけられない」など、注意力が低いことにより、集中して行動することが苦手だったり、切り替えの遅かったりします。

ケアレスミスも一度は周囲も許してくれますが、不注意症状は、生涯続きますので、ミスを繰り返すなかで「そろそろ覚えて！」「何度言えばわかるの！」「人としてダメだろ」と徐々に叱責が増えていきます。

また本人も、「ダメだと理解している、でもミスを繰り返してしまう」という状態が変わらないと、メンタルに負荷がかかり、うつ症状などの二次障害が増えることが知られています。

これは、多動性・衝動性も同様です。「じっとしていたいが、体が動いてしまう」「我慢したいのに、衝動的に発言してしまう」などの特性は、周囲からの叱責に直結します。

そのため、ADHD の子どもと関わるときには、「わかっていてもでき

ＡＤＨＤの二次障害

米国６〜１７歳までの子どもがいる
一般家庭約６万人を対象とした調査

	ADHD 診断あり （n=5,028）		ADHD なし （n=56,751）
LD（学習障害）	46%	約9倍	5％
素行症（行為障害）	27%	約13倍	2％
不安障害	18%	9倍	2％
うつ病	14%	14倍	1％

※参考：Merikangas,KR.,et al.Prevalence and treatment of mental disorders among US children in the 2001-2004 NHANES. Prediatrics,125:75-81,2010.

ＡＤＨＤのない子どもと比べて、ＡＤＨＤの子どもは二次障害を抱える確率が高い

ない」という彼らの気持ちを理解することが必要です。

　実際に、アメリカで2010年に発表された大規模調査では、ADHDのない子どもと比べて、ADHDの子どもは素行症、不安障害、うつ病などの精神症状を抱えるリスクが10倍程度高いことが知られています。

POINT!

- ADHD の特性には、不注意・多動性・衝動性の３つの症状がある
- ADHD の人と関わるときには、まず、「わかっていてもできない」という彼らの気持ちを理解することが必要

アセスメント②
ASD（自閉スペクトラム症）の特性を理解する

ASDの子どもの二次障害予防には「疲労」に対する理解が必要で、学校内における支援・合理的配慮は必須といえます。

💡 ASDの特性と不安性の強さ

自閉スペクトラム症（以下、ASD）は、「**社会性の困難（対人関係能力の低さ）**」と「**こだわり行動（特定の趣味嗜好の強さや常同行動）**」の2つの特性をもちます。

加えて、「**感覚の困難（感覚過敏・感覚鈍麻）**」をもつ人が多いため、これら3つの症状の理解が重要となります。さらに、ASD特性は「**不安感**」**につながりやすい**という点も重要です。

下記のような特徴をもつASDの子どもは、日常生活で常に不安な状態に陥りやすく、メンタルへの負荷が大きい状態であることを理解する必要があります。

- 聴覚過敏で、騒がしいクラスにいると苦痛に感じる
- 触覚過敏で、学校などの人が多い場所で周囲を警戒しがちになる
- 会話の流れがわからず、同級生との会話で緊張してしまう
- 負の記憶が残りやすく、苦手な人には絶対に近づかない

💡 ASDの二次障害

ASDの二次障害予防では、「**疲労**」**に対する理解が必要です**。ASDの子どもは、真面目な性格であることが多く、苦手ながらも周囲に合わせようと努力してくれます。

しかし、合わせるために過剰な我慢を強いられるため、高いストレスと疲労が常に体につきまとい、二次障害につながりやすいといわれます。

児童精神科医の本田秀夫氏は、これを「**過剰適応**」と表現しました。

　また、自分のペースにこだわりが強いASDの子どものなかには、学校や会社など、組織でルールが定まっている場所にストレスを感じやすく、感覚過敏と合わさり、パニックを起こしてしまうケースもあります。

■ ASD の併存症状の割合

ASD の併存症状	割合
ADHD（注意欠如・多動症）	25.7 〜 28%
うつ病	4 〜 18%
気分障害	4.4 〜 28.6%
統合失調症	4 〜 11.8%
強迫性障害	17.4 〜 24%
社交不安障害	16.6 〜 29%
自殺を考えたことがある	10.9 〜 50%
自殺者のなかの ASD の割合	7.3 〜 15%

※参考：Hossain, M.M., Khan, N., Sultana, A., Ma, P., McKyer, E.L.J., Ahmed, H.U., Purohit, N. (2020). Prevalence of comorbid psychiatric disorders among people with autism spectrum disorder: An umbrella review of systematic reviews and meta-analyses. Psychiatry Research, 287, 1-14.

　このように、合わない環境に無理に適応しなければいけない場面が多いASDの人は、**二次障害の発症率も平均して高いです**（上表参照）。学校に通えず不登校になる場合もあります。また、不登校の子どもは、高い確率でひきこもりに移行することも知られています。

　また、高機能自閉症（知的障害のないASD）を対象に、不登校率を調べた武井（2009）の調査では、44.3%が不登校であったと報告しており、高い確率で学校不適応になることが窺えるため、学校内における支援・合理的配慮は必須といえます＊。

＊　武井明・宮崎健祐・目良和彦・松尾徳大・佐藤譲・原岡陽一・鈴木太郎・平間千絵. 2009.「不登校を呈した高機能広汎性発達障害の臨床的検討」『精神医学』51(3),289-294.

そのほか、こだわり行動が強く発動し、「強迫性障害」と同じ状態になっている子どもや、一般的な有病率が1％である統合失調症の割合も4〜11％となっているため、二次障害になる確率が高いと考えて、初期から二次障害予防を意識することが大切です。

POINT!

- ASDには、社会性の困難、こだわり行動、感覚の困難、不安感につながりやすいという特性がある
- ASDの人は二次障害の発症率も平均して高いため、初期から二次障害予防を意識することが重要

アセスメント③
LD（学習障害）の特性を理解する

LDの子どもには、特別支援学級など、より少人数で特性に合った環境で育てられる場所と連携し、適切な学習支援を導入することが重要です。

💡 学習障害（＝LD）とは？

　LD（Learning Disorder：学習障害）を抱える子どもも、二次障害のリスクが高いことで知られています。

　学習障害（以下、LD）は主に、文字・文章が読むのが苦手な「**読み書き障害**」、文字・文章を書くことが苦手な「**書字障害**（しょじ）」、計算・算数の章問題が苦手な「**算数障害**」の３つの症状があります。もちろん、これらの症状があると、他の教科学習もついていくのは困難になります。

💡 LDと学校は相性がわるい

　松本ら（2007）は、少年院にいる子どもたちに、発達障害のスクリーニングテストをした結果、毎年入所する子どもたちの50〜60％にLDがあると指摘しました[*]。

　これらのことから、LDを抱える発達障害の子ども、あるいは学習に困難を抱える子どもは、学校環境や人間関係の適応に困難を示し、二次障害を発症する可能性が高いことが指摘されています。

　学校という勉強をする場所で、勉強が苦手な特性をもった子どもが通えば、ある意味当たり前です。たとえば、運動が苦手な子がラグビー部などの運動部に強制入部されたら、退部する・サボる・反抗するなどの行動に出るのは容易に予想ができます。

　そのため、特性を抱えた子どもや不適応の様子がある子どもは、通常学級だけでなく、通級指導教室や特別支援学級の利用、あるいは教育センターの不登校教室（旧：適応指導教室）などの**より少人数で特性に合**

---

[*]　松浦直己・橋本俊顕・十一元三（2007）.少年院在院生における認知的特性の調査 LD研究,16,95-105

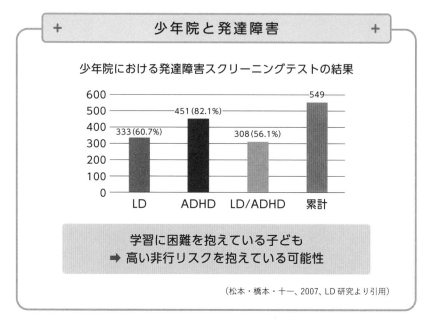

少年院と発達障害

少年院における発達障害スクリーニングテストの結果

- LD: 333(60.7%)
- ADHD: 451(82.1%)
- LD/ADHD: 308(56.1%)
- 累計: 549

学習に困難を抱えている子ども
➡ 高い非行リスクを抱えている可能性

（松本・橋本・十一、2007、LD研究より引用）

った環境で育てられる場所と連携し、適切な学習支援を導入することが
重要になります。

　学校以外にも、児童発達支援事業所（以下、児発）や放課後等デイサ
ービス（以下、放デイ）などの児童福祉施設など、より個別少人数で対
応し、療育を行っている施設では、学習支援を実施する事業者も増えて
きているので、このような施設との連携も有効といえます。

　このように、学習支援は子どもの勉強の遅れを取り戻して、自己肯定
感の回復を促したり、将来の進路の幅を広げるといったポジティブな側
面だけでなく、非行・不登校といった二次障害の予防という効果が期待
できるため、2つの側面で重要といえます。

POINT!

- LDには、読み書き障害、書字障害、算数障害という3つの症状
  があり、学習支援には、自己肯定感の向上と不登校の予防という
  2つの意義がある

1-8

アセスメント④
ADHDとASDを合併したケース

二次障害が悪化すると改善に長い時間がかかるため、最初から二次障害になるのを予防し、スモールステップで育てる意識が重要です。

ADHDとASDの2つの症状をもつ人

　発達障害は、単体で症状をもつ人よりも、ADHDとASDの両方をもつ人はより二次障害のリスクが高まることが知られています。

　ADHDを抱えた人とADHDに自閉症特性をもっている人を比較したアメリカの研究では、ADHD単体でも二次障害の確率が高まったのに対して、ADHDにASDを合併しているケースでは、さらに高い二次障害リスクが確認されています[*]。

　特に、異なる発達障害特性が重なった結果、よりメンタルに強い負荷がかかってしまうことがあります。たとえば、下記のように、発達障害症状が合併するほど、よりストレスが強くなります。

- こだわり行動があるため、正確にやりたいのに、不注意症状でミスを繰り返してしまい、パニックになる
- 触覚過敏で対人不安があるのに、衝動性が強く失礼なことを相手に言ってしまう
- 漢字を正確に書くことにこだわってしまうのに、書字障害があり思った通りの字が書けない

　したがって、先生は発達障害の特性を理解し、その子に合わせたカリキュラムを作成する必要があるため、二次障害の予防には高い専門性が必要となってきます。

[*]　Pediatrics.2013 Sep;132(3):e612-e622.Autistic Traits in Children With and Without ADHD

第1章　発達障害の子どもに多い二次障害とは何か？

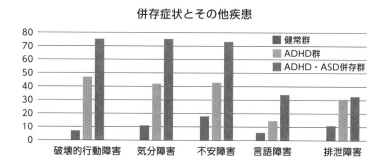

ADHDとASDを併存したときの二次障害

併存症状とその他疾患

凡例:
- 健常群
- ADHD群
- ADHD・ASD併存群

ADHDとASDを併存している人
➡ ADHD単体の人よりも二次障害を抱える割合が高い

Pediatrics.2013 Sep;132(3):e612-e622.Autistic Traits in Children With and Without ADHD をもとに作成

最初から二次障害予防の視点をもつ

　発達障害の特性は、身体障害のように困っていることやできないことが目に見えないため、周囲の大人は「努力すればできるのではないか？」「サボっているだけなのでは？」と、誤解してしまうことが多いです。

　もちろん、本人の努力で解決する問題もありますが、**特性のためにできないことは、環境調整や別のスキルでカバーする必要があります**。そして、「その子が、どこまでは努力で改善するのか？　どこからは努力をあきらめて環境調整でカバーをするのか」などの判断には高い専門性が必要となります。二次障害は、悪化すると改善に長い時間が必要となるので、「最初から二次障害になるのを予防して、スモールステップで育てよう」という意識をもつことが重要なのです。

POINT!

- ●ADHDとASDを併せもつ場合、単体の人より二次障害を抱える
  リスクが高まることが知られている

環境調整へのアプローチ①
構造的環境の調整の例

構造的環境（物理的な環境）の調整は、支援者のレベルにかかわらず実施できる支援になります。

💡 構造的環境への支援

　アセスメントの次は、**実際の支援方針（環境調整・本人への支援）**を考えます。発達障害の子どもは、感覚過敏や独特の認知の特徴が原因で、ストレスと疲労が高まって、二次障害行動につながっていることがよくあります。

　したがって、基本的な特性と、それに合わせた環境調整のポイントを押さえておくとよいでしょう（以下、表を参照）。

　構造的環境（物理的な環境）の調整は、支援者のレベルにかかわらずに実施できる支援です。若手の先生や支援に自信がないという方でも、同じようにできることですので、環境調整は組織的な支援をするときにも大切になります。

■ 学校における構造的環境の調整の一例

背景要因	構造的環境の調整
聴覚過敏	イヤーマフ・耳栓・ノイズキャンセリングの許可 クールダウンスペースの用意 校内での教室配置、教室内での座席配置 教室の机の足にテニスボールをつけて騒音の軽減 読書等の静かな活動を意図的に入れる
視覚過敏	窓際で陽の光が強い位置を避けるなど、座席の配慮 教科書にカラーフィルムの使用（反射光の軽減） サングラス・カラーグラスの使用許可 授業中は掲示物をカーテンで隠す
触覚過敏	苦手な服（体操服など）への代替品の許可 給食での食材や量への配慮

温度感覚過敏	エアコンやストーブの配置の配慮 気温に合わせてすぐに変えられる服の用意 カイロや氷嚢（ひょうのう）などの準備
嗅覚過敏	苦手なにおいへの配慮や給食への配慮
味覚過敏	苦手な給食への配慮
見通しが ないとこわい	目立つ位置にスケジュールを設置 その場のルールを壁に掲示しておき、事前に伝えておく 腕時計・壁掛け時計・砂時計など、時間の視覚化 遠出するときは現地のビデオを見せる、事前に下見する サプライズ演出は控える
自己刺激行動	グループトーク・ペアトーク・自由交流など、定期的に刺激が入る活動量の多い授業設計 授業中に自己刺激を入れる道具（フィジェットトイ）の使用の許可 例：カラーボールやスクイーズを机の中に入れておき、握りながら授業を受ける。イスの下に芝生を置いて裸足で座り、足裏に常に刺激を入れながら授業を受ける
ワーキングメ モリの低さ	指示は端的に伝える 重要な情報はミニボードに書いて常に目に入る位置におく 指示はメモに書いて渡す 口頭指示と一緒に、メモを書いて渡したり、ハンドサインやジェスチャーなど、視覚的指示で伝える
書字の困難	穴埋めのプリントを用意する（書字の量の軽減） マス目が大きいノートやプリントの用意する タブレット入力の許可する
読字の困難	文章中の漢字にルビをふる 文章を拡大したり、わかち書きを入れる
こだわりの 強さ	活動の時間を長めに設定する 興味のないものをするときは、強化子（きょうかし：報酬）を設定する

POINT!

●発達障害の子どもは、感覚過敏などが原因で二次障害行動につながることがよくあるため、基本的な特性とそれに合わせた環境調整のポイントを押さえる

環境調整へのアプローチ②
人的環境の調整の例

発達障害の子どもは、特性を理解していない人などが周りにいると二次障害につながるため、人的環境の調整も重要です。

💡 人的環境への支援

　物理的環境と同じくらい大切な環境が、家族・友達・先生・支援者など、**周囲の人の対応や関わり（人的環境）** です。

　理解のある人が周囲にいるときは安心して生活できますが、特性を理解していない人や他者に攻撃的な人が周囲にいると、メンタルが不安定になったり、他害行動を学習して、二次障害につながります。

　人的環境には、以下の2種類があります。

- 制度的な人的環境（加配の先生をつけるなどの制度的な支援）
- 周囲の理解を得る支援（保護者がサポートブックを作成して学校と共有）

　周囲の理解を得るには、本人の行動も変容が必要なため、方法は様々です。次ページの表では、人的環境の支援に使用できる制度や施設の一例をまとめました。

■ 人的環境の支援に使用できる制度や施設の例

環境	人的環境の支援に使用できる制度など
園・学校内の人的環境	通常学級 通常学級＋合理的配慮 通常学級＋合理的配慮＋加配の先生 通常学級＋合理的配慮＋通級指導教室の利用 特別支援学級（自閉症・情緒障害特別支援学級）＋交流学級 特別支援学級（知的障害特別支援学級）＋交流学級 ※加配の先生に保育所等訪問支援の利用 スクールカウンセラー（SC）の利用 スクールソーシャルワーカー（SSW）の利用 担任からの生徒指導、座席の位置を離す、学級編成
自身の特性が理解されていない	家庭でサポートブックを作成して、担任の先生と共有する 自身の特性（苦手なこと、平気なこと）を説明できるよう練習する
学校外の施設の利用	不登校教室（旧：適応指導教室）の利用 フリースクールの利用 児童発達支援事業所の利用（受給者証が必要） 放課後等デイサービスの利用（受給者証が必要） 民間の習い事の活用 当事者会の利用 メンタルフレンド（大学生の派遣事業） 医療機関（カウンセラーの利用など）
子育ての困難	ファミリー・サポート・センターの利用 （こどもを地域で育てる支援事業） ショートステイ（一時預かりの制度）
保護者の相談	児童相談所・こども家庭センターの利用 （子育てに関する相談［医師在籍の場所もあり］、療育手帳の交付、一時保護等） 発達障害者支援センターの利用（発達障害の相談、地域の進学・就労に関する相談） 保健センターの利用（子育て・健康相談、乳幼児健診） 家庭児童相談室の利用（子育て全般、家庭訪問も可） 教育センターの利用（学校教育の相談）
地域との関わり	地域行事への参加

POINT!

● 人的環境には、制度的な人的環境と周囲の理解を得る支援の2つがある

1-11 本人への支援 〜誤学習と未学習〜

社会的に不適応な行動は、主に「誤学習」と「未学習」という2つの要因から起こります。

なぜ、不適切な行動を覚えてしまう？

二次障害支援では、アセスメントと環境調整をすることで、不適切な行動を覚えてしまう土壌をなくすことが大切です。

そして、今まで自分に合っていない環境に適応するために覚えた社会的に「**不適応な行動**」を、適切な行動に覚え直す必要があります。不適応な行動は、主に以下の2つの要因から起こります。

❶ 誤学習＝困り事に対して誤った解決方法を覚えてしまっている
❷ 未学習＝困り事に対する対処方法を教えられていない

したがって、本人に適切な行動や対処法を教えたり、教え直したりすることで、二次障害の悪化を防ぎ、改善につなげることができます。

また、前述の通り、成人当事者のなかには、何十年も合わない環境で過ごしているため、誤学習した行動を教え直すのが難しいケースもあり、理想的には、幼少期より本人に合わせた教育環境を用意し、二次障害が起きないように育てていく、予防的な対応が重要です。次ページの表で、代表的な対処法を整理しました。

■ 支援方法と内容

支援方法	内容
ABA（応用行動分析）	行動とその前後を記録し、行動の法則を見つけて、不適応行動の改善を目指す手法
SST（ソーシャル・スキル・トレーニング）	適切な振る舞いや状況に応じた関わり方を学び、対人関係を円滑にすることを目指す手法
LST（ライフ・スキル・トレーニング）	片づけ・洗濯・金銭管理などの生活技能を獲得し、自立した生活を送ることを目指す手法
CBT（認知行動療法）	ストレスを感じている自分の考えや行動を整理して見つめ直し、より適切に対応できる心理的状態を目指す手法
ストレスコーピングスキル	ストレスの基（ストレッサー）への対処法を学ぶ手法
アサーション	相手の意見を尊重しつつ、自分の意見を主張するコミュニケーション技法
アンガーマネジメント	怒りの感情とつき合うための心理トレーニング
AAC（補助代替コミュニケーション）	ジェスチャー・文字盤など、話し言葉以外のコミュニケーションツールの獲得を目指す手法
PECS	絵カードを用いた意思疎通の方法を学び、コミュニケーション能力の発達を促す手法。AACの1つ
マカトン法	意味を伴うハンドサインを学び、コミュニケーション能力の発達を促す手法。AACの1つ
アカデミックスキル	着席や鉛筆の使い方など、授業に参加するうえで、必要な学習スキルのトレーニング
ペアレント・トレーニング	保護者が、行動分析に基づいた具体的な関わりをワークを通して学ぶ手法
PCIT（親子相互交流療法）	治療者が、子どもとの関わり方を養育者にコーチングしながら学んでいく手法
CARE（子どもと大人の絆を深めるプログラム）	養育者へ講義とロールプレイで子どもとの関わりスキルを教えるプログラム
STP（サマー・トリートメント・プログラム）	夏休みの2週間、1日7時間を集団で過ごしながら対人関係スキルを学ぶプログラム

POINT!

● 本人に適切な行動などを教えることで、二次障害の悪化を防ぎ、改善につなげられる

第 2 章

二次障害の
アセスメントのコツ

この章では、二次障害のアセスメントの種類（フォーマルアセスメントとインフォーマルアセスメント）や、ABA（応用行動分析）の特徴などについて説明します。

二次障害の
アセスメントの特徴

発達障害の子どもへのアセスメントには、フォーマルアセスメントとインフォーマルアセスメントの2種類があります。

💡 発達障害に決まったアセスメントはない

　第1章で、二次障害への対応ではアセスメントが重要と説明しました。しかし、発達障害のアセスメントには決まった方式がありません（2023年現在）。二次障害を含めて、発達障害の人への支援は世界中で話題ですが、アセスメントからの支援の流れが定まっていないのは、実は大きな課題です。

　たとえば、高血圧の人には血圧を測って診断をつけ、医師の指導や薬物治療など、その人の状態に合わせた治療が始まります。しかし、発達障害は診断をつけたとしても、症状そのものを根本的に改善する治療法は存在しません（ADHDの薬は、身体に合えば一時的に行動改善が可能ですが、本人の症状そのものが消えるわけではありません）。

　また、発達障害は「教育問題」というとらえ方ができます。診断名をつけても治療法はないため、周囲には、本人を受け入れるための理解という教育が大切であり、当事者には、**自身の強みを生かし、苦手なことをカバーするスキルをどう教えるのか**という教育が必要になるからです。

　このように発達障害者支援では、診断がついた後も、1人ひとりに合った支援を考えるためのアセスメントが必要となるのです。

💡 フォーマルアセスメントとインフォーマルアセスメント

　発達障害を抱えている子が、二次障害を同時に抱えているケースは少なくありません。したがって、その子に合わせた支援を考えるアセスメントが求められます。そして、アセスメントには、大きく分けて**フォーマルアセスメント**と**インフォーマルアセスメント**の2種類があります。

```
┌─────────────────────────────────────────┐
│  +          ２つのアセスメント          +  │
│                                             │
│  ┌ フォーマルアセスメント ┐  ┌ インフォーマルアセスメント ┐ │
│  │ 標準化された検査ツールを │  │ 日常生活での行動観察など │ │
│  │      使った分析       │  │                    │ │
│  └──────────┬──────────┘  └──────────┬──────────┘ │
│             ▼                          ▼            │
│       ┌─────────────────────────────────┐      │
│       │      ２つを組み合わせて行う        │      │
│       │        包括的アセスメント          │      │
│       └─────────────────────────────────┘      │
└─────────────────────────────────────────┘
```

　１つは、標準化された検査ツールを使う「フォーマルアセスメント」です。代表的なものは、知的発達の段階を測る「**知能検査**」と、発達段階を測る「**発達検査**」です。日本では、知能検査は田中ビネー知能検査ⅤやWISC-Ⅳ（あるいは2022年に発売されたWISC-Ⅴ）が用いられることが多いです。また、発達検査では新版Ｋ式発達検査が主流です。

　２つ目は、フォーマルアセスメント以外の「インフォーマルアセスメント」です。たとえば、学校・家庭での生活や、学習の様子を記録する「**行動観察**」が当てはまります。それ以外では、行動とその前後を合わせた３つ（原因‐行動‐結果）を記録する「**ABA（応用行動分析）**」も含まれます。

　２つのアセスメントに優劣はなく、双方、長所と短所があります。そこで、２つを組み合わせた**包括的アセスメント**を進めることが支援では重要になります。

> **POINT!**
> ● フォーマルアセスメントは標準化された検査ツールを指し、インフォーマルアセスメントはフォーマルアセスメント以外のものを指す

二次障害のアセスメント①
フォーマルアセスメントの特徴

フォーマルアセスメントで評価できるのはあくまで一部の能力であり、
本人のすべての力を数値することはできない点を押さえましょう。

💡 代表的なフォーマルアセスメント

　前項の通り、日本では、知的発達の段階を測る「**知能検査**」と、発達
段階を測る「**発達検査**」が代表的なフォーマルアセスメントといえま
す。これは、**課題となる行動の背景に、知的能力の低さ（知的障害等）
があるかを調べる必要性があるから**です。

　もちろん、知的な能力の低さは、それ自体が問題行動につながるわけ
ではありません。しかし、本人の能力に合わない活動を園や学校、家庭
などで行うと、能力と課題の難易度にギャップが生まれ、成功体験が積
めず、メンタルの悪化につながりやすいことは想像できます。

　このように、本人の能力と学校や家庭での行動レベルに差があること
が二次障害の背景にあることは多いため、最初の確認事項となります。

💡 2種類のアセスメントのメリット・デメリット

　WISC等の知能検査が日本を含めた世界中で使用されています。これ
は、全体の知的能力の水準だけでなく、**本人のもっている複数の認知能
力を測り、得意な力と苦手な力を示してくれます。**

　この情報があると、「その子の強みを生かして活躍の場面を作り、苦手
な能力をカバーするためのスキルを身につける」という支援方針に反映
させやすく、重要な情報となるからです。

　ただし、知能検査や発達検査だけでは、情報が不十分な場合は多いた
め、支援に必要な情報を得るためにさらに詳細な2段階目のアセスメン
トが用いられます。この2段階目のアセスメントは、子どもの背景に合

発達障害支援で使われる代表的な検査

不適応行動や周囲に適応的な行動が取れない場合	Vineland-II S-M 社会生活能力検査
視機能に課題が予想される場合	WAVES フロスティッグ視知覚発達検査
身体・感覚に課題が考えられる場合	感覚プロファイル、JMAP（日本版ミラー幼児発達スクリーリング検査）
パーソナリティ・メンタルの課題が予想される場合	ロールシャッハ法
学習の困難が予想される場合	LDI-R、STRAW-R（読み書きスクリーニング検査）
言語やコミュニケーションの課題が予想される場合（標準化なし）	LC スケール（言語・コミュニケーション発達スケール）、LCSA（LC スケール学齢期版）

わせて使われるため、数が多く専門性が必要になります。そのなかでも、発達障害支援で使われる代表的な検査を上表にまとめました。

　フォーマルアセスメントのメリットは、本人の状態を数値という形で表わすため、保護者、学校教員、スクールカウンセラーなど、**立場の異なる人や日常的に接していない人でも、同じモノサシで支援を考えることができる点です。**

　たとえば、支援方針を決めるケース会議では、日常的に接している人と、そうでない人で状態像の認識が異なると、話がまとまらないことがよくあります。そのようなときでも、子どもの能力を数値で視覚化することで、異なる立場の人であっても子どもの実態を共有して、考えやすくなります。

　デメリットは、**あくまで個室で検査者と1対1で行う非日常的な場面**

の力であるという点です。特に、「はじめて出会う大人と個室で1対1の場面」と「家族や友達に囲まれている日常的な場面」では、行動が大きく異なることもあります。

　また、好き嫌いのモチベーションでも能力は上下することがあります。加えて、不安の強さやこだわりの強さ、不注意・多動性・衝動性などは、知能検査や発達検査においてメインでは測っていないため、診断に用いることはできません。

　このように、インフォーマルアセスメントで評価できる力は、あくまで一部の能力であり、**本人のすべての力を数値にすることはできない**ということを押さえておく必要があります。

POINT!

- 子どもの課題となる行動の背景に、知的能力の低さがあるかを調べるためにフォーマルアセスメントは用いられる
- フォーマルアセスメントのメリットは、立場が異なる人などでも同じモノサシで支援を考えることができる点にあり、デメリットは、あくまで個室で検査者と1対1で行う非日常的な場面の力であるという点にある

二次障害のアセスメント②
インフォーマルアセスメントの特徴

インフォーマルアセスメントは、観察者の価値観にとらわれることなく、客観的に観察し、数字で記録することが大切です。

💡 代表的なインフォーマルアセスメント

インフォーマルアセスメントは、フォーマルアセスメント以外のアセスメントであり、代表的なものとして**家庭や学校での様子の行動観察**などが当たります。日常の自然な姿に加え、好き嫌いや得意・不得意など**支援に直接使える情報が手に入ります**。そして、課題となる行動そのものを記録できるなど、情報量も多く、支援には欠かせません。次ページに一例を示します。

💡 インフォーマルアセスメントのメリットとデメリット

インフォーマルアセスメントは、課題となる行動を直接観察するため、**手に入る情報量が多い**利点があります。また、学校や家庭などで日常的に接している人は常に行えるため、**特別に時間や場所を取らなくても実施できます**。日常的に関わる学校の先生は、インフォーマルアセスメントとの相性がいいといえます。

デメリットは、**評価が主観的**という点です。人によって評価が違うと、チームでの共通認識が難しくなります。元気いっぱいな子を見て、「多動性がある」と見る人もいれば、「男の子はこんなもんだ」と見る人もいます。観察する人の価値観によって過小評価・過大評価が起こりやすいため注意が必要です。

チームで共有しやすい観察をするためには、自分の価値観にとらわれず、客観性を意識した観察が重要です。その点、インフォーマルアセスメントは、**共通理解が難しい**という弱点があるため、**数値での記録**は大切です。「パニックが多い」と「３日に１回パニックが起こる」では、受

け取る印象が異なります。

また、**見たままの客観的な記録**を心がけます。「授業がつまらなくなり窓の外を見ていた」など、本人の主観を入れた記述ではなく、「4時間目の国語のワークの時間、窓の外の木を5分見ていた」など、事実・数字ベースで記述します。客観性が高いほうが共通理解が進み、支援者間のコミュニケーションミスを減らします。

■ インフォーマルアセスメントの例

日常生活	生活スキル（歯磨き・着替え・お風呂・お手伝い等） 周囲の人の反応（先生との関係・友達関係） 指示への反応・理解力、人との距離感
学習場面	得意な教科・苦手な教科、テストの点数・過去の成績 音読の流暢さ、暗算・筆算の様子（指での計算等） 着席時の姿勢や集中力、鉛筆の持ち方、机の中の様子 黒板をノートに写す様子、文字の形や大きさ
運動場面	姿勢の保持の様子（持続時間、猫背等）、関節の柔軟性 道具の操作（鉛筆、ハサミ、楽器等）、ルール理解等 目と手の協調（キャッチボール等）
成果物	作文、絵画等の美術作品などの観察 （テーマ設定、集中時間、正確さ、色彩等）
面談	保護者面談等、関係者へのインタビュー
生育歴	保護者からの聞き取り、母子手帳等の記録
支援のヒント	強み・弱み、得意・不得意、主体性や積極性
認知能力	見る・聞く・読む・話す・記憶・注意力・思考の柔軟性等
発達段階	模倣・共同注視・要求行動・姿勢・他者視点の力など
メンタル	情緒の様子、不安の強さ、ストレスの回避のスキル（援助要求スキル、自己肯定感等）
その他	異性への反応、性的興味・行動など

POINT!

- インフォーマルアセスメントには、時間や場所的な制約が少なく、実施しやすいというメリットがある一方、評価が主観的であるというデメリットもある

2-4

二次障害のアセスメント③
いつ、どこで、誰が、何をした

子どもの不適応行動の理由に対しては、様々な状況を整理することで分析することができます。

 状況の整理をする

「不適応行動の理由がわからない」という相談には、「**時間・場所・人物**」の整理が重要です。これは、問題行動は状況に左右されて発生するからです。また、発達特性による行動とメンタル要因の行動には、以下の特徴があります。

- 発達特性や発達段階で現われる行動は、時間・場所・人物に左右されることが少ない（例：不注意な人は、場所によらずに不注意）
- ショックを受けたことや精神症状などが背景の場合は、時間・場所・人物に左右されることが多い（例：苦手な人がいるところで不安になる）

「時間・場所・誰が（人物）」の重なりを8つに分けると、下記のようになります。

■ いつ、どこで、誰が（人物）を整理する

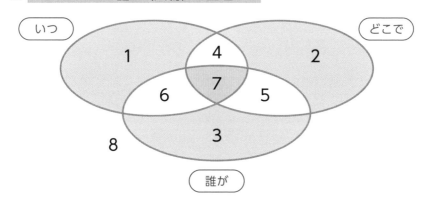

さらに、発達的な要因とメンタル的な要因で整理すると、以下のように
なります。このように、状況要因から分析していくことも可能です。

No.	問題行動の状況	可能性	原因
1	特定の時間に発生（場所や人物は関係ない）	時間に要因がある可能性	薬の切れる時間、疲労、空腹、ショッキングな出来事の後など
2	特定の場所で発生（時間や人物は関係ない）	場所に要因がある可能性	におい、騒音、光量、高所、気温、負の記憶がある場所など
3	特定の人物で発生（場所や時間は関係ない）	人物に要因がある可能性	先生に怒られる、いじめ、大人の対応が一貫していない、対人不安など
4	特定の時間・場所で発生（人物は関係ない）	時間と場所が一定の空間的な要因の可能性	夏の時期にエアコンがない、夏休みのプールが嫌で逃走など
5	特定の場所・人物で発生（時間は関係ない）	人的環境が要因の可能性	クラスに人が多くて、ザワザワしているのが苦手など
6	特定の時間・人物で発生（場所は関係ない）	特定の人物の日課による可能性	甘えられる家族の前で、空腹や疲労でかんしゃくを起こすなど
7	特定の時間・場所・人物のもとで発生	時間・場所・人物が重なった要因（ほぼ確定）	学校で国語の授業中に教室を飛び出す、家庭でゲームをしているときに切り替えられないなど
8	時間・場所・人物どれも関係なく起こる	本人の発達特性、発達段階上の行動、病気など	不注意、多動性、衝動性、本が読めない、滑舌のわるさ、イヤイヤ期、思春期など

POINT!

- 不適応行動の理由に対しては、「時間・場所・人物」の整理が重要になる

2-5

二次障害のアセスメント④

ABA（応用行動分析）の特徴

発達障害を抱える子への代表的な支援方法である ABA（応用行動分析）は、エビデンスレベルが特に高く、世界中で活用されています。

💡 不適応行動に対するアセスメント ～ ABC 分析～

　現場では、他害行動や自傷行為などの不適応行動が現われてから相談に来られるケースがよくあります。このようなケースでは、より迅速に介入する必要があります。

　代表的な支援に、「**ABA（応用行動分析）**」があります。発達障害支援のなかでもエビデンスレベルが特に高く、世界中で活用されているため、児童福祉の現場では最初に学ぶことが多いです。

　応用行動分析は、人間の行動を科学的・法則的に研究した学問であり、子どもの問題行動の原因と対処法も確立されています。そのなかでも、「**ABC分析**」という行動観察が用いられます。

　これは、人間の行動はその前後に原因と結果があり、3つを記録・分析することで、行動を変える（問題行動を減らす）ことができるという考えです（次ページ図）。

　たとえば、「B：駅前のレストランで食事をする」という行動の前後には、「A：お腹が空く」⇨「B：駅前のレストラン食事をする」⇨「C：お腹が満ちる」というAとCが前後にあり、はじめて行動が起こります。

💡 行動が増える（強化）と行動が減る（弱化）

　レストランで食事をした後の人の反応は様々です。「美味しかった！」と満足する人もいれば、「いまいちだった！」と思う人もいます。そして、結果によって「次の行動」が決まります。結果がよければ、次も同じ行動をとる可能性が高まります。これを「**強化**」といいます。結果がわるかった場合は、次は同じ行動をとる可能性が減ります。これを「**弱**

第2章　二次障害のアセスメントのコツ

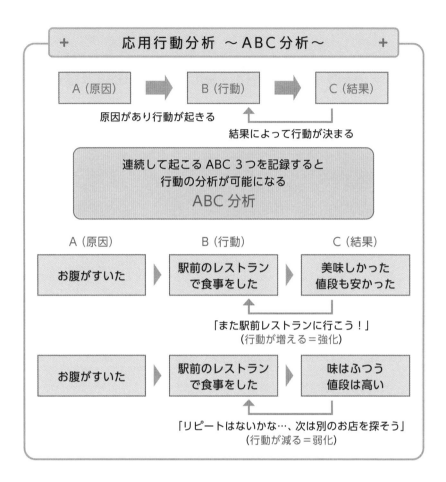

「化」といいます。

　人は日々、強化と弱化を繰り返して行動が変化していきます。先生を悩ます子どもの行動も、強化と弱化を繰り返して生まれた行動なのかもしれません。

POINT!

- ABC分析は、人間の行動はその前後に原因と結果があり、3つを記録・分析することで、行動の背景を理解して、支援を考えることができる

二次障害のアセスメント⑤
ABAにおける「回避行動」の特徴

子どもの不適応行動の1つに回避行動があり、回避行動への対処法には
2つの方法があります。

💡 不適応行動に対するアセスメント

　ABA（応用行動分析）では、子どもの不適応行動には4種類の原因が
あるといわれています。世の中の不適切行動は、この4種類に分類でき
ると考えられているのです。

　前提として、不適切行動とは「わるい行動」という意味ではなく、「そ
の状況に適応できていない行動」という意味です。「子どもの行動がわる
い」というとらえ方はしませんので、ご注意ください。

---

❶ 回避行動（何かを回避したい、しかし回避できない）

❷ 要求行動（何かを要求している、しかし要求が叶わない）

❸ 注意喚起行動（注目してほしい、しかし見てくれない）

❹ 自己刺激行動（感覚欲求が強く、我慢ができない）

💡 回避行動 〜何かを回避したい、しかし回避できない〜

　下記のように、自身が嫌なことに直面した子どもが、それを回避しよ
うとした行動が、結果的に不適応行動になることがあります。これを
「回避行動」と呼びます。回避行動に対してどのように対処すればいいの
でしょうか？

• 授業がわからない ⇨ 教室を飛び出す

• 聴覚過敏なのに嫌な音がする ⇨ 大声で叫んで嫌な音をかき消す

• 嫌いな食べ物がある ⇨ お皿を投げる

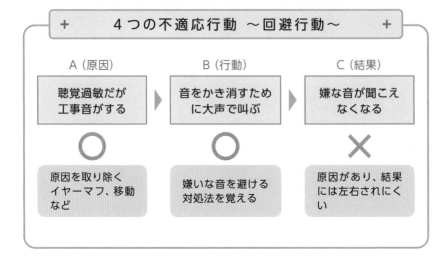

４つの不適応行動 ～回避行動～

A（原因）

聴覚過敏だが工事音がする

〇

原因を取り除くイヤーマフ、移動など

B（行動）

音をかき消すために大声で叫ぶ

〇

嫌いな音を避ける対処法を覚える

C（結果）

嫌な音が聞こえなくなる

✕

原因があり、結果には左右されにくい

💡 回避行動への対処方法

　回避行動への対処方法は主に２つです。１つは、「**回避したい原因を取り除くこと**」です。聴覚過敏なのに嫌な音がしているなら、嫌な音がしないように、イヤーマフやノイズキャンセリング機能のあるイヤホンを使用する、場所を移動するなど原因となる前提条件を変えると、行動の発生を防ぐことができます。

　もう１つは、「**適切な代替行動を教える**」というアプローチです。嫌いな音や耐えられない音が聞こえた場合、「所有しているイヤーマフを使う」「音源を切る（スピーカーの音量を下げる）」「先生にヘルプを出す」などの適切な対処法を教えることで、パニックにならないですみます。

　なお、聴覚過敏の場合、嫌な音を我慢して耐えるのは特性的に困難ですので、耐える（C［結果］）というアプローチは、効果がありません。

POINT!

● 回避行動の対処方法には、「回避したい原因を取り除くこと」と「適切な代替行動を教える」というアプローチがある

2-7

二次障害のアセスメント⑥
ABAにおける「要求行動」の特徴

要求行動は、乳幼児期において発達を促す重要な行動ですが、要求に応えてしまうと、不適切行動が増えてしまいます。

💡 要求行動 〜何かを要求している、しかし要求が叶わない〜

「**要求行動**」は、「ご飯を食べたい」「おもちゃを取ってほしい」「一緒に遊んでほしい」と、乳幼児期に発達を促す重要な行動として知られています。一方、「ほしいゲームがあるが、両親が買ってくれないので泣く」「保護者がお迎えに来たが、『まだ遊びたい！』と泣き叫ぶ」のように、大人が困ってしまう要求行動もあります。このように、場面に合わない要求を繰り返すと周囲から不適応行動とみなされます。

要求行動への対処法は、主にA（原因）とC（結果）へのアプローチです。たとえば、保育園では、「子どもが遊んでいるところに、保護者がお迎えに来た。しかし、まだ遊びたいので泣き叫ぶ」という場面が見られます。この場合、保護者が上手になだめられればよいですが、切り替えの苦手さやこだわりの強さをもつ発達障害の子どもの場合、気持ちの整理に時間がかかり、かんしゃくが止まらないこともあります。その結果、「あと5分だけよ」と大人が認めてしまうことがあります。

状況を考えると仕方ないのですが、泣き叫んだ結果、自分の要求が叶ったため、**次も同じ状況では、成功体験を思い出し、また泣き叫んでしまう（＝不適切な行動が強化される）こと**が予想されます。そして、この要求が常態化すると、行動の改善にかかる労力が非常に大きくなるため、早期の対応が必要です。

💡 要求行動への2つの対処方法

要求行動への対処のしかたは2つあります。1つは、**A（原因）へのアプローチ**です。たとえば、お迎えの時間が事前に18時とわかってい

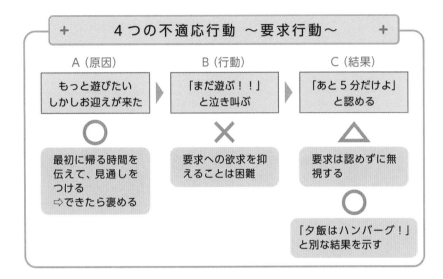

れば、子ども自身が「18時」を意識して動いたり、先生から「18時にお迎えが来るから、帰る準備をしようね」と、事前に声をかけてもらうことが可能です。ASDの子どもは、想定外の行動に過剰なショックを受けることが多いため、日頃から事前の見通しをつけておくことで、不適切な要求行動の発生を予防できます。

　もう1つは、**C（結果）へのアプローチ**です。要求に応えてしまうと誤学習が進むため、どんなに騒いでも反応せず、連れて帰ります。その結果、泣き叫んでも無駄と学習し、おとなしくなると考えられます。

　ただし、この無視をする方法は多大な労力がかかります。特性をもつ子どものなかには、抵抗が強く連れて帰れないケースもあり、暴力暴言で抵抗すれば要求が通ると誤学習してしまう可能性があります。そこで、「夕飯はハンバーグよ！」など、「遊びたい」という欲求以上に、期待感のある結果に変えると、今の行動への要求が減り、切り替えやすくなります。

POINT!

● 要求行動への対処方法には、A（原因）とC（結果）へのアプローチがある

二次障害のアセスメント⑦

ABAにおける
「注意喚起行動」の特徴

注意喚起行動は不安が強いと発現しやすく、対処法としては、叫ぶなどの不適応行動を他の適切な代替行動に変えることも有効です。

💡 注意喚起行動 〜注目してほしい、しかし見てくれない〜

　不適応行動の背景には、いわゆる「かまってほしい」という気持ちからくる、「**注意喚起行動**」があります。子どもが幼い間は、信頼できる大人に「みてみて！」と注目を欲する気持ちをもちます。

　かまってほしいと思う言動は、不適切ではありませんし、すべての人がもっている当たり前の行動です。しかし、年齢が上がると、周囲の状況に合わせて動くことが求められるようになります。その際に、自分の欲求を我慢できず、注意喚起行動が出てしまうと、大人から見て、不適応行動とみなされます。

💡 不安の強さがあると発現しやすい

　性格的に不安が強い子どもや、ASDのように特性上、不安が強く出やすい子どもは、不安を消すためにより多くの注目や関わりを必要とします。そのため、安心して落ち着くまで時間がかかることもあります。大人側のマンパワーや時間に余裕がないと、十分に対応できず、不適応行動となります。

　たとえば、「朝会で校長先生が話しているのに、担任の先生に話しかけ続ける」「授業中に、手を何度もあげて指名されないとパニックになる」「校門で母親から離れられず、泣き叫ぶ」などのように、本人に求められる状況に対して、過度な注意喚起行動は、不適応行動になりますので、支援が必要になるのです。これは、アタッチメント（愛着）の形成にも関係しているといわれています（アタッチメントについては、第3章で詳しく紹介しています）。

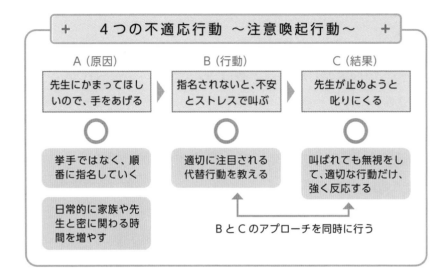

4つの不適応行動 ～注意喚起行動～

A（原因）	B（行動）	C（結果）
先生にかまってほしいので、手をあげる	指名されないと、不安とストレスで叫ぶ	先生が止めようと叱りにくる
挙手ではなく、順番に指名していく	適切に注目される代替行動を教える	叫ばれても無視をして、適切な行動だけ、強く反応する
日常的に家族や先生と密に関わる時間を増やす		

BとCのアプローチを同時に行う

💡 注意喚起行動への対処方法

　注意喚起行動は、**ABCの３つにアプローチすることが必要**です。たとえば、先生は挙手によって指名するのではなく、「順番に当てますね」と言って、順番に指名する方法に変えると、確実に当たるので叫ばないで待つことができます。日常的に家族や先生と関わる時間を増やして安心してもらうと、大切な場面でも周囲に合わせた行動をとれるようになっていきます。

　また、叫ぶなどの不適切行動で注目が得られると学習しているため、**他の適切な代替行動に変えることも必要です**。たとえば、「不安なときは保健室に話に来てね」と教えて、保健室に来ることができたら、「ちゃんと保健室に来れたね」と認めると、今後も保健室に来ることができます。このように、Bの代替行動を示してCで褒めてよい結果にすることで、不適切な注意喚起行動は減少させることが可能です。**適切な行動とは、いい行動ではなく、「他の人に迷惑にならない行動」**とイメージするとわかりやすいかもしれません。

POINT!

● 注意喚起行動には、ABCの３つにアプローチする必要がある

二次障害のアセスメント⑧
ABAにおける「自己刺激行動」の特徴

子どもにとって自己刺激行動をやめることは困難なため、大人から注意・叱責を繰り返し受けると、二次障害につながる原因になります。

💡 自己刺激行動 ～感覚欲求が強く、我慢ができない～

子どもは、体を発達させるために感覚器官を動かし、身体に感覚刺激を与えて発達を促そうとする機能があります。たとえば、乳幼児期の子どもは、常に走ったり、木登りが大好きだったりします。

このように、無意識に感覚刺激を求める行動を「**自己刺激行動**」と呼びます。力一杯走り回りたい幼い子どもが多いのは、この自己刺激行動に対する無意識の欲求が強いからです。

自己刺激行動は、人間の発達過程で必ず起こる現象です。また、乳幼児期を過ぎた子どもであれば、動きたい欲求があってもある程度は我慢できます。しかし、体の発達が遅い子や、ASDで感覚鈍麻をもっている子どもは、他の子どもより感覚刺激への欲求が強いため、「朝会で校長先生の話を聞いているなか外に飛び出す」「ダメと言われても机に登って飛び降りる」などの不適応行動に変わります。本人に悪気はないのですが、安全管理の責任がある大人から見れば問題となります。

また、子ども側も、自己刺激行動はやめようと思ってもやめられないため、大人から注意・叱責を繰り返し受けると、二次障害につながる原因となります。また、感覚刺激への欲求が強いと、やるべきことを回避したり、感覚刺激を要求したりするなど、他の不適応行動に発展することもあります。

💡 自己刺激行動への対処方法

自己刺激行動への対策として、**Aの原因・環境へのアプローチが有効**です。感覚への欲求は体の発達から来る現象のため、適切な時間に十分に運動・感覚遊びを積むことで、発達を促し、自己刺激行動の減少につ

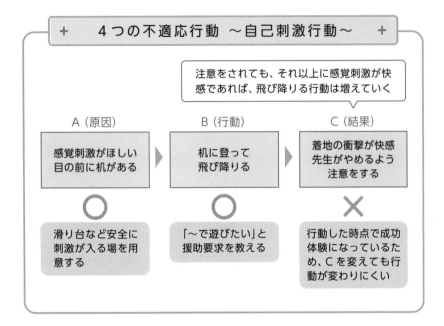

なげられます。

　一方、運動によってすぐに減少するわけではなく、個々の子どもの発達の順番はバラバラです。したがって、最初から登ってはいけない机や、回転するイスなどの危険な物は移動・撤去が必要です。それと同時に、簡易な滑り台や飛び降り可能な机とマットを用意するなど、**自己刺激行動を安全に行える場所を用意すると効果的**です（これもAへのアプローチ）。

　また、感覚欲求は年齢が上がると本人自身で理解している子どもも増えます。そのため、「我慢できないので、廊下を一周してきていいですか？」「立ちながらノートを書いていいですか？」など、自分で欲求を満たす代替行動を考え、提案する援助要求スキルを身につけることも、長期的には重要です。

POINT!

● 自己刺激行動には、Aの原因・環境へのアプローチが有効

「パニック・他害行動」が 見られるＡさんの事例

ここからは、架空の事例を通じて、二次障害を抱える発達障害の子どもの支援方法を紹介していきます。

事例を通して考えてみよう

　これまでは、アセスメントやABA（応用行動分析）を活用した行動分析を紹介しましたが、理論的な話だけでは、実際の場面への適応は困難です。以下では、**二次障害をもつ発達障害の子どもの架空の事例をもとに考えていきます**。実際の場面に即して考えるほうが、様々なアプローチをより深く学べます。

　以下は、小学校１年生のＡさんの事例です。読者の方は、まず主訴と各種様子を確認いただき、自分であればどのような支援を展開するか考え、ノートやパソコンに書き出してみるとよいと思います。後半は支援の一例を紹介しますので、併せてどんな支援がよいかを再度考えていただくと、学びが深まるでしょう。

■ パニック・他害行動が見られるＡさん

朝、教室に向かうとパニックになって暴れる。先生や友達関係なく暴言・暴力や机を蹴るなどの器物破損が見られる

担任の先生に「だめ！」「でもね！」と声をかけられると、パニックを起こす。顔も力が入り、様相が変わる

移動教室の途中で、突然飛び出し奇声を上げる。このような行動がひんぱんにみられるため、落ち着いて過ごせるようになってほしい

主訴に沿って、どのような支援が
適切か考えてみよう

■ Aさんの主訴と各種様子

Aさん	小学校1年生、通常学級、6歳3か月、女児、相談日 2022年11月
主訴	（保護者） 朝、教室に向かうとパニックになって暴れる（周囲の人に手は出さないが、壁や机を蹴ってしまう）。暴力をふるわず、落ち着いて過ごせるようになってほしい。 また、担任に特別支援学級を勧められて迷っている。本人にとってよいならいいが、合わないと「通常学級に戻れなくなるのでは？」という不安もある。どうすればいいのかわからない。
本人の様子	（学校） パニックになると、複数人の先生が駆けつけて、空き教室や保健室に移動させたり、「校長先生とお話しようね」と言って校長室に移動させたりしている。その後、落ち着いたら戻る。 （家庭） 家ではおとなしく、素直な様子が多いが、学校の話題には機嫌がわるくなる。両親は、褒める、やさしい声かけ、スキンシップなどを心がけて関わっている。日常的に、爪噛みや指をしゃぶる、あるいは手をくわえ込むなどの様子が見られる。 生育歴で発達の遅れはなく、検診での指摘はなかった。しかし、年中のときは多動な様子が多く、小児科で「ADHD（注意欠如・多動症）の疑い。触覚過敏や聴覚過敏もあるかも」と告げられる。しかし、診断はつかないレベルと言われ、そのまま終了。 片づけや明日の準備は苦手なので、家族と一緒に取り組む。時間を守るのは苦手で、目の前のことに夢中になると動かなくなり、声をかけても無視する。 歯磨きやお風呂は「やらなくても死なないの！」と言ってひんぱんに拒否するので、ガーゼで拭いたり、うがいで終わらせることも多い。
対人関係・コミュニケーションの様子	休み時間は友達と遊具で遊ぶことが好き。授業では、課題が難しいと、先生に言い訳をして逃げる。図工の作品が納得できずに終わったときは、1か月ほど「お腹が痛い」と言って保健室にいた。 口が達者なので、図工の先生からは「特性ではなく、わがままな子」と言われている。
学習の様子	勉強は得意で、大きな遅れがないが、文字をきれいに書こうと思っても、ノートのマスからはみ出してしまい、納得できずに泣いていることもある。また、じっとしていることが苦手で、先生の話が長いと姿勢が崩れてくる。5分ももたない。漢字の書き順を覚えるのが苦手。計算問題は得意で、本人も好きな様子。
運動の様子	運動は好きで、休み時間の鬼ごっこや、かけっこなどを笑顔で取り組む。しかし、体育の時間では先生の話を聞けず、ルール通りに遊べないことが多く、パニック・かんしゃくを起こし、裏庭に逃亡して木に登っていることも多い。

💡 発達障害と他害行動

　Aさんの事例を見て、現場では「ADHDが強そうですね」と言われることがあります。多動で元気で暴れる様子を見て、ADHDを連想するのは無理もないかもしれません。また、Aさんのように、医師によって「診断がつくほどではないが少し特性があるグレー」と見立てられているケースもよくあります。

　ここでの注意点は、**本来、ADHDの行動は、「不注意・多動性・衝動性」であり、他者への攻撃や暴言は二次障害**であるということです。背景にADHDやその他の発達障害が隠れていることはありますが、攻撃性やパニックは二次障害であって、発達障害の特性ではないことを押さえておきましょう。
　二次障害の行動は、特性に合わせた支援を入れることによって改善が可能です。「発達障害だから不適切な行動を繰り返している」と誤解をすることなく、総合的に考えてみてください。

　次の項目では、二次障害対応の４段階に沿ってAさんの支援を考えていきます。考える手がかりがわからないというときは、同じく「アセスメント・構造的環境調整・人的環境調整・本人への支援」の４段階をもとに、考えてみることをおすすめします。

POINT!

- 発達障害の特性と二次障害の行動は別であることを押さえる
- 二次障害の行動は、特性に合わせた支援を入れることによって改善が可能

Aさんへの支援①
アセスメントの確認

> フォーマルアセスメントの情報は支援のヒントが多いため、Aさんの背景を考えるときには、まずはこの情報の有無を確認します。

💡 アセスメント 〜情報の確認〜

　まずAさんの背景を考える際に、**具体的な数値で実態を測るフォーマルアセスメントの情報がないかの確認**をおすすめします。丁寧に発達障害をみる医療機関では、アタッチメント症や生活習慣、その他の要因と混同しないため、発達障害か、それ以外かを調べる様々なフォーマルアセスメントを活用します。

　現場では、「医師から『おそらくADHDグレーでしょう』『ASDの疑いです』とだけ言われました」という保護者からの相談も寄せられます。

　もちろん、診断名が緊急で必要な場合や、保護者が検査結果を忘れているなど事情は様々です。ただし、フォーマルアセスメントの情報は、支援のヒントが多いため、最初に確認することをおすすめします。

💡 アセスメント 〜数値への抵抗と見立てのズレ〜

　医療・福祉の現場と比べて、学校現場では知能検査などのフォーマルアセスメントに対して、「人を数値で見るなどけしからん」という意見が根強く存在しています。そして、学校の先生は子どもたちの行動観察のプロですので、「検査なんか必要ない」という意見もあります。

　もちろん、十分な支援につながるのであれば、無理に検査を求める必要はありません。実際に、検査の数値が実態を表わしていないことも多く、単なるレッテル貼りになることもあります。

　ただし、今回のAさんは、「学校は特別支援学級を勧めているが、保護者は不安をもっている」という**保護者側と学校側で行動観察の見立てがズレている**というケースであり、フォーマルアセスメントが効果を発揮します。2-3でも紹介しましたが、発達障害の脳機能由来の行動は、複

二次障害は見立てがズレやすい？

発達障害の特性 （こだわり・不注意等）	二次障害の特性
場所によって特性が 変化することは少ない	背景に誤学習 （人や場所で行動が変わる）
↓ 複数人で観察	↓ 複数人で観察
同じ行動が見られる	見立てにズレが出やすい

数人で観察しても見立てが大きく変わることは少ない傾向にあります。一方、二次障害は、周囲の人や環境と相性が合わないことで起こる誤学習・未学習が背景にあります。

　したがって、相性がいい人や場所と、そうでない人や場所では、様子が変わる場面がよく見られます。そのため、二次障害の事例では、先生の前と保護者の前では、子どもの行動が変わり、それぞれの見立てがズレて、話し合いが進まなくなるケースが増えます。

　さらに、Aさんのようにグレーゾーンと呼ばれる子は、「見た目は普通そうな子だし、支援がなくてもがんばればいけるのではないか？」と評価されて支援が必要ないと判断されることもあります。

　このように、**行動の変化が大きい二次障害では、「支援者の方針が揃わないケースが増える」**という特徴があります。

POINT!

● フォーマルアセスメントには、支援のヒントとなる情報が多いため、最初に確認する

Aさんへの支援②
フォーマルアセスメントの強み

今回の事例のように、見立てのズレがある場合にはフォーマルアセスメントは効果的です。

💡 フォーマルアセスメントの強み

　Aさんのように、見立てのズレがある場合で、フォーマルアセスメントは効果を発揮します。これは、数値で能力や発達段階を示すことで、異なる立場の人が同じモノサシで考えやすくなるからです。

　したがって、学校と保護者の認識にズレが想定されるAさんの事例でも、初期段階で、WISC-Ⅳの検査を依頼しておくと、後々のすれ違いの予防になります。

　ほかにも、Aさんは書字の苦手さ以外の会話能力や学力に遅れはない反面、学校でのパニックなど、周囲の環境に適応が困難な様子が見られます。このような、知的能力とその他の力（社会性など）に差があるときは、ASDのアセスメントや、適応行動を測るVineland-Ⅱを一緒に行う方法（**クロスバッテリー**）もあります。実施は医療機関の判断ですが、支援方針を判断する1つの方法として覚えておくのはおすすめです。

💡 行動観察

　今回のAさんの情報は、「行動観察」がメインです。家庭での落ち着いた様子とは異なり、学校に対する抵抗の大きさから、教室での失敗体験や誤学習の可能性が考えられます。また、ADHD特性の忘れ物や遅刻など、集団行動が苦手という事実がメンタルに影響を与えた可能性もあります。きれいな字へのこだわりや、失敗への過度の不安は、ASD特性とも考えられます。

　なお、触覚過敏が強いと、ASD特性や不安も比例して強くなることが

＊　Jamie Horder, C Ellie Wilson, M Andreina, Mendez, Declan G Murphy. Autistic traits and abnormal sensory experiences in adults. J Autism Dev Disord. 2014 Jun; 44(6):1461-9.

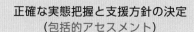

> **＋ 見立てのズレを防ぐ包括的アセスメント ＋**
>
> WISC-IV などの知能検査と
> Vineland- Ⅱ のクロスバッテリー
>
> ＋
>
> 行動観察
> 複数の立場の支援者の観察結果
>
> ↓
>
> 正確な実態把握と支援方針の決定
> （包括的アセスメント）

報告されており、ASD特性によるストレスも想定できます。*

💡IQ が高いなら支援はいらない？

　もし、AさんがWISC-IVで高い知的能力が出た場合は注意が必要です。それは、「この子には支援が必要ない」と安易に判断される可能性があるからであり、数値でその人の能力を表わせてしまう、フォーマルアセスメントの弱点ともいえます。一方、Vineland- Ⅱで知的な能力が高いにもかかわらず適応行動が低いという結果になれば、「支援が必要だろう」という判断になるかもしれません。「IQが高い＝支援がいらない」という指標にはなりませんので、注意が必要です。

　このように、Aさんの今後の支援を考える際に、行動観察などのインフォーマルアセスメントと、客観的な数値で考えるフォーマルアセスメントの双方を活用した「**包括的アセスメント**」の提案は、有効な方法の1つと考えられます。

POINT!

> ●包括的アセスメントは、フォーマルアセスメントとインフォーマルアセスメントの両方を活用するアセスメント

Aさんへの支援③
ASDとパニックは分けて考える

パニックのクセがついた子どもであっても、落ち着いて過ごせる時間や
経験を積むと、パニックは減少していきます。

💡 誤学習への対応 ～ ASD とパニックをつなげない～

行動観察をするうえで、目の前の子どもの背景を見ようとする意識は
大切です。たとえば、Aさんのように、ASDの特性をもつお子さんはパ
ニックが多いといわれています。

そのため、ASDとパニックをつなげてイメージしている支援者もおら
れます。しかし、パニックになりやすい背景には、下記など、多数派の
子どもと比較して苦手なことがあります。

- 見通しがないとこわい
- 感覚過敏で落ち着かない
- 完璧へのこだわりが出やすい
- 思考の柔軟性の低さがあり、状況に応じた対応が取りにくい

したがって、「ASD＝パニックが多い」のではなく、**「ASDは苦手な
ことが多い」** ⇨ **「苦手なことに向き合う状況が多い」** ⇨ **「パニックの原
因になっている」** と考えてみます。

すると、本人に合わせた環境調整や特性に合わせた関わりができれば、
「ストレスが減り、パニックも減らせる」 と考えることができます。この
ように、目の前の出来事をすぐ子ども本人と結びつけるのではなく、目
の前の出来事の背景を見ようとする意識が大切です。そのためにも、一
次的な課題なのか、二次的な課題なのかを推測するアセスメントが大切
になります。

もちろん、実態は複雑であり、1人の力では限界もあります。たとえ
ば、パニックを繰り返した子どもはクセがついてしまい、本来なんとか

一次的な課題と二次的な課題を分けて考える

ADHD の A さんが、暴力をふるった
＝「ADHD は暴力的」ではない

一次的な課題

注意力の課題から、失敗体験を
学校で積んでいた

支援＝ ADHD に合わせた環境調
整や合理的配慮

二次的な課題

失敗体験を積み、苦手なことを
回避するために暴力が出た

支援＝適切な行動を教えたり、
代替行動の教え直す

一次的な課題と、二次的な課題を分ける

不必要なレッテル貼りを避けて、適切に対処できる

なる状況でも過去の経験から反射的にパニックを起こす子どももいます。この場合は、一見すると背景要因がわかりづらいこともありますが、「パニックには、背景や過去があったのではないか？」とまず意識することで、「まず穏やかに過ごす時間を作って、パニックにならない経験を積むことが必要だ」と考えることもできます。

　実際、パニックのクセがついた子どもであっても、落ち着いて過ごせる時間・経験を積むと、パニックは減少していきます。また、落ち着いた時間が増えれば、苦手さに対する対処法を覚えたり、自己理解を進めるワークができたりするようになります。

POINT!

● 行動観察をするうえで、目の前の子どもの背景を見ようとする
意識が重要

2-14

Aさんへの支援④
話し合いは複数人で行う

ここでは、Aさんへの構造的環境と人的環境の調整のポイントについて説明していきます。

💡 構造的環境への支援

アセスメントの次は、**実際の支援方針（環境調整・本人への支援）**を考えます。まず構造的環境の調整ですが、Aさんは聴覚過敏が予想されるため、イヤーマフ・耳栓・ノイズキャンセリングなど、**音声刺激を減らす道具の使用は大切**です。また、ノイズキャンセリングは雑音を減らして、人の話し声をクリアにするため、コミュニケーションミスが減る効果もあります。

疲れやすさを考慮した**クールダウンスペースも効果的**です。本人がリラックスできる場所があるだけで心理的な負担も減りますので、空き教室や保健室などの活用を学校－保護者で相談できるとよいでしょう。

Aさんは今までパニック時に校長室で気持ちを落ち着かせていたことを考えると、校長室はAさんにとってクールダウンできる場所だったのかもしれません。

💡 人的環境の調整 ～話し合いは複数人で行う～

周囲の人の理解を進める人的環境の支援も必要です。Aさんの場合は、担任・クラスメイト・保護者が該当します。しかし、学校はその歴史と集団生活をする性質上、担任の態度や授業の改善はハードルが高いといえます。そのため、学校側へ理解を求める支援と、うまくいかないときの2パターンを用意することはおすすめします。

そして、**学校と保護者との話し合いは、複数人で行うという意識が大切**です。たとえば、担任の先生と保護者の1対1で面談を行うと、第3

話し合いは複数人で

1対1の話し合い

複数人で話し合い

家庭で指導する
ことだろ

先生は若くて頼りないから
トラブルになるのね

客観性が下がり誤解が
生まれやすい

多角的な意見を出せる
補足・修正がスムーズ

者を意識する必要がないため、話し合いのなかで、客観性が失われやすくなります。

　特に、「Aさんが学校で暴れている」という事実に対して、保護者は「学校側の対応がわるいのでは？」と思い、担任は「家のストレスが学校で爆発している？」と思うなど、無意識に原因は相手にあると早合点してしまう可能性が高まります。

　ほかにも、「若い女性の先生に保護者が理不尽な要求をする」「校長・副校長で協力し、母親の訴えを却下する」など、話し合いはパワーバランスが偏ったとき、悪化につながる確率が上がります。

　こうした事態の予防のために、1対1を避ける意識は大切です。たとえば、母親・父親と担任・学年主任・校長先生の5人で話すのであれば、それぞれが複数の相手を意識しながら進めるため、一方的に、相手を軽んじたり、おとしめたりする発言は減り、建設的な話し合いが進みやす

くなります。このような場の設定が、個人の暴走を防ぎ、悪化を防ぎます。

　もちろん、実際には冷静な方がほとんどで、意見がすれ違うことはまれです。しかし、問題がこじれているケースでは、１対１の話し合いで失敗していることが多いため、最初から複数人で話し合う意識がトラブル予防にもなります。

POINT!

- トラブル予防のためにも、学校と保護者との話し合いでは、はじめから複数人で行う意識が重要

2-15

Aさんへの支援⑤

回避行動への対処法

パニックの状況では、一旦、本人の主張を認める（回避行動を認める）のも有効なことがあります。

💡 具体的な対応方法

Aさんへの支援として、「苦手なことに対する拒否感」と「完璧へのこだわりがあり、できないと思ったことをしたくない」という**回避行動から来るパニックへの対処**がメインになると予想されます。

前提として、本書の架空事例だけで考えるのは困難です。以下では、もし、著者が事例のような子に関わるときの一例を紹介します。

Aさんは、歯磨きやお風呂の拒否、図工の授業でできないと思ったらお腹が痛いと保健室に逃げるなど、苦手なことへの回避行動が見られます。前述の通り、回避行動には「**環境調整と代替行動を教える**」の2つが必要です。

現状、ご家庭では、歯磨きやお風呂を拒否した場合、ガーゼで拭くなどAさんの主張を認めて別の代替行動を教えています。周囲の子どもと同じ内容を求めず、本人ができる範囲内の代替行動に変えているので、方向性に問題はないと考えられます。このように、回避を認めて代替行動を獲得できれば、ストレスもなく、パニックにもなりません。

💡 一旦、回避行動を認めてもいい

回避行動は、一斉授業という集団のなかで認めてしまうと、他の子どもから「ずるい！」という意見が出やすく、責任ある担任としては、「なんとかやらせねば！」と焦って関わり、かえってパニックが悪化することがあります。

そこで、このようなパニックの状況では、「**一旦、本人の主張を認める（回避行動を認める）**」という手が有効なことがあります。たとえば、「**歯**

わがままが通らずパニック？

回避行動でパニック	再度本人に合わせた提案
イヤイヤ　イヤだ！	それなら　いいよ！
まず本人の主張を認める	落ち着いているので聞ける

磨きをやりたくない」⇨「わかったやめよう」、「図工でこれ以上作りたくない」⇨「わかった、今日はここまで」のように、一旦、本人の主張を認める方法です。

「誤学習につながるのでは？」と思う方もいると思いますが、そもそも、パニックの最中に何かを教えても正しく伝わることはまれです。そこで、一度「そうだね、やめようか」と認めます。すると、本人の情緒が安定し、冷静さを取り戻します。そのうえで、少し時間を空けて、本人がパニックにならない程度にハードルを下げた課題を提示して、再度チャレンジします。

このように、「安定しているときに、適切な行動を教える」という前提で動けば、必ずしも回避行動に強引に対応する必要はありません。一度、本人の主張を認めてから、再度トライすればいいのです。結果的にスモールステップで、本人のレベルに合わせて教えれば、成功体験を積んで改善できます。

POINT!

● 回避行動が見られるAさんには、環境調整と代替行動を教えることが必要

Aさんへの支援⑥
感覚過敏への対処法

触覚過敏が見られる子どもは歯磨きが苦手なことが多く、ここでは感覚過敏に対する支援の方法について説明します。

💡 感覚過敏へのスモールステップ支援

Aさんのように触覚過敏が見られる子どもは、歯磨きが苦手なことが多いです。感覚過敏を抑えながら教える方法は、主に3種類あります。

❶ **楽しい雰囲気を作る**=好きな音楽やテレビを見せて注意を引いて過敏さを和らげる。

❷ **自己選択させる**=感覚過敏は安心した状況だと和らぐ性質があるため、「複数の歯ブラシから選ぶ」「複数の歯磨き粉から選ぶ」などの選択肢を用意して、自己選択させると過敏が和らぎます。

❸ **歯ブラシの素材を変える**=相性のいい素材であれば教えることがラクになります。

いろいろなスモールステップがありますが、①～③を組み合わせて試行錯誤を繰り返し、Aさんが受け入れてくれる方法を探すことが大切になります。

💡 感覚過敏は繰り返すと慣れる?

現場では、「感覚過敏は、最初は嫌でも徐々に慣れていきますか?」と聞かれることがあります。「子どもによる」というのが前提ですが、そもそも「ASDの感覚過敏は、刺激への慣れが起こりにくい」という報告が近年増えていますので、難しいという考え方もあります[*]。

---

[*] Gandhi, T. K., Tsourides, K., Singhal, N., Cardinaux, A., Jamal, W., Pantazis, D., Sinha, P. (2021). Autonomic and Electrophysiological Evidence for Reduced Auditory Habituation in Autism. J Autism Dev Disord, 51(7), 2218-2228. doi:10.1007/s10803-020-04636-8

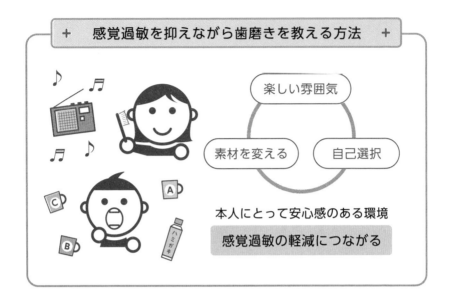

感覚過敏を抑えながら歯磨きを教える方法

楽しい雰囲気

素材を変える

自己選択

本人にとって安心感のある環境

感覚過敏の軽減につながる

　また、これは、「どんなに拒否しても大人が歯磨きをする、つまり回避しても無駄なのでおとなしくなる」という考え方であり、理屈では可能そうな印象をもちます。しかし、本人が回避したい理由が「感覚過敏」という本人の特性の場合、あきらめて慣れるまでには膨大なストレスとメンタルへのダメージが伴うことを考えなければいけません。

　いわゆる、**無視と呼ばれる方法は「本人ができる行動」の定着には有効になります**。たとえば、イスに座れるが離席している子に、「離席に対しては、構わず無視をして授業を進める⇨イスに座ったら褒める」という無視の方法は、もともとイスに座る力を本人がもっているので効果を発揮します。

　しかし、「視覚障害の人に見えるまで無視をする」という場合は、どんなに無視をしても本人が行動を獲得することはできません。このように考えると、ASDの感覚過敏やADHDの実行機能の低さに対して、無視をしても意味がないことがわかります。

　ABA（応用行動分析）の理論を基にした支援の基本は、「**まず本人が**

可能な適切な行動を教える、そして褒めてよい結果にする」ということが重要であり、無視（スルー）はあくまで状況に合わせた1つの手段であることを理解しておくことが重要です。

> **POINT!**
>
> - 感覚過敏へはスモールステップで支援をする
> - ABA（応用行動分析）を基にした支援の基本は、「まず本人が可能な適切な行動を教える、そして褒めてよい結果にする」ことが重要

2-17

Aさんへの支援⑦
ポジティブな行動に着目する

誤学習・未学習に対しては、適切な行動を教えると同時に、よい結果を
併せて支援することが大切です。

😲 誤学習・未学習への支援は、ポジティブな結果を用意する

　Aさんのパニックは、「暴れれば嫌なことをしなくていい」という回避
行動です。これは、社会的に適切でない方法で対応することを覚えた
「誤学習」であるといえます。

　したがって、対応としては適切な行動の教え直しが必要ですが、一度
誤学習をした行動を、別な行動に教え直すのは非常に大変です。そこで
大切になるのが、**「適切な行動を教えると同時に、よい結果を併せて支援
すること」** です。

　たとえば、Aさんと事前に適切な行動の約束（例「やりたくない、と
思ったら先生に伝える」等）を伝えます。そして、「先生に伝えることが
できたら、連絡帳に特別なシールを貼ってあげる」と、行動に対して適
切な報酬を設定します。さらに、「シールが5枚たまったら、自習室でボ
ードゲームができる」など、継続するメリットを設定します。

　このように、適切な行動に対してポジティブな結果を設定し、行動の
定着を目指す方法を「**トークンエコノミー**」と呼びます。特に、ADHD
の子どもは、衝動性や実行機能の弱さのため、自分自身のモチベーショ
ンをコントロールすることが苦手といわれます。そのため、外部にモチ
ベーションのもとになる報酬を設定することは、特性的にも有効です。

💡 家庭と連携したトークンエコノミー

　トークンエコノミーは、適切な行動の獲得に有効ですが、子どものな
かには、シールやスタンプなどでは報酬設定が弱く、機能しないケース
があります。そのような場合には、「学校で適切な行動を設定し、できた

トークンエコノミー（代理通貨経済）

適切な行動にスタンプやシールなどの
トークン（代理通貨）を設定する

↓

トークンを集めると、報酬に変更する
〈よりポジティブな結果が得られる〉

↓

適切な行動を繰り返し、強化されて
覚えやすくなる

らスタンプを連絡帳に押してもらう」「スタンプを10個集めたら、両親が夕飯を焼肉にしてくれる」など、家庭と連携して、報酬を設定する方法もあります。

　報酬として、ご飯や本人の好きなもの、映画館などのイベントなど、学校では難しい報酬の設定も可能になり、より強力に誤学習の教え直しに動くことがあります。

　このような、学校と家庭が連携することで支援をスムーズにする方法もありますし、連携することでご家庭との連絡も密になり、関係改善につながることもあります。なお、このような取り組みは、学校側より保護者側から学校にもちかけたほうがスムーズかもしれません。

POINT!

- 適切な行動に対してポジティブな結果を設定し、行動の定着を目指す方法を「トークンエコノミー」と呼び、特にADHDの子どもに有効

2-18

Aさんへの支援のまとめ

ここでは、Aさんの支援を「様子・実態」「目標（理想）」「具体的手立て・配慮」に分けて整理しました。

💡 二次障害は多角的なアプローチが必要

　Aさんのように、発達障害特性と二次障害・パニックを同時にもつケースでは、アセスメントをもとにした環境調整と、保護者との連携、本人への支援を計画し、支援を入れていきます。その際に、学校で個別の教育支援計画・個別の指導計画を作成してもらうことで、継続した支援につながります。

　また、目標を考えるときに、「パニックにならない」「学校に登校できる」など、二次障害が改善した状態を書きたくなることがあります。
　しかし、二次障害はあくまで本人と環境のギャップによって発生するものです。まずは、Aさんの困り感をアセスメントし、できることを1つずつ考えていきます。そうして、Aさんに寄り添った支援を考えるなかで、結果的に、パニックが減ったり、嫌がらずに登校できるようになる道が見えていきます。

　次ページの表では、個別の指導計画の表記と揃えて、「本児の実態・課題となる行動（様子・実態）」「実態に対する目標（理想とする姿）」「目標を実現する手立て（具体的手立て・配慮）」という3つのブロックに分けて支援を整理しました。あくまで架空事例での支援ですが、参考になればと思います。

　また、支援を入れたら「今と同じ環境で安心して過ごせるか」といえば、それは実際に支援を継続してみなければわかりません。支援を入れたうえで、「やはり特別支援学級が適切である」と判断すれば、移動の提

Ａさんへの支援のまとめ

Ａさんの様子・実態	目標（理想）	具体的手立て・配慮
ADHD 疑い ①整理整頓の苦手さ ②時間通りの行動が苦手 ③じっと話を聞けず動いてしまう ④指示理解を覚えていることが苦手	①先生・保護者の監督のもと、自己のペースで整理整頓をする ②時計を見るクセをつけ、砂時計などタイマーを自分で設定できるようにする ③じっとしている場面で、自己刺激アイテムを使い、静止時間を増やす ④先生の指示メモを見て、行動する	①目標とする行動に対して、トークンエコノミーを設定する ②保護者と連携し、腕時計を身につける。また、教室に砂時計やタイマーなどを設置する。 ③保護者と連携して、フィジェットトイを用意して練習する ④先生・保護者は、伝えるときにはメモに書いて渡す
聴覚過敏の疑い（エピソードから困り事は見えにくいが、ストレス要因になっている可能性）	聴覚刺激を軽減させる道具を使用して授業・活動に参加する	・イヤーマフ、ノイズキャンセリングなどの道具の使用 ・座席の配慮（廊下側を避ける、騒がしい児童の側を避ける）
触覚過敏の疑い ・歯磨きの拒否 ・お風呂の拒否	・歯を磨くスキルを身につける ・身体をキレイにするスキルを身につける	・毛先を柔らかくしたり、指磨きやガーゼを使用したり、素材を工夫する ・濡れたタオルで身体を拭く、シャワーで足だけ洗うなど、スモールステップで教えていく
苦手なことへの回避行動・パニック（授業からの逃避、物に当たる）	困ったら物に当たるのではなく、先生にヘルプを出すなど代替行動で対応できる	・援助要求スキルを教える ・各種支援道具の使用法を教える ・特性的に難しいことは合理的配慮を設定して、Ａさんにできそうと感じてもらう
不安を背景とした爪噛み、指しゃぶり	不安を感じたら、先生に相談できる	1日の見通しや週間スケジュールを作成し、家庭・学校で教えたり、壁に掲示をしたりする
書字の苦手さ（マスの中に書けない、書き順を覚えることが苦手）	配慮を受けながら、授業参加する	・マスの大きなプリントを用意する ・書き順は意識せず、最終的な字形が合っていれば合格とする ・タブレットでのメモや黒板はカメラで写すことで合格とする
保護者との認識のズレ	先生と保護者と連携を密にして、将来のために話し合いの場を定期的に設ける	・保護者と連携したトークンエコノミーの設定 ・定期連絡・ケース会議を学期に1回開催する

案をする可能性もあります。

　この際も、「すでに学校側で寄り添った支援をしている」という事実が
あると、建設的な話し合いをしやすいと思います。二次障害の支援は、
長期にわたることも多いため、方針を立てて改善を繰り返すことが大切
になります。

POINT!

- 二次障害の支援では、支援の方針を立てて改善を繰り返すこと
　が重要になる

第 3 章

発達障害と
アタッチメントの特徴

この章では、アタッチメント（愛着）に関連する安全
基地・内的作業モデル・探索行動・レジリエンスな
どの特徴や、愛着障害を取り巻く課題などについて取
り上げています。

アタッチメントとは①
安全基地の特徴

アタッチメント（愛着）の形成が何らかの原因でうまくいかないと、安心感が得られず、不安な様子が増えていきます。

💡 発達障害を抱えるとアタッチメントの形成が難しい？

「アタッチメント（愛着）」とは、主に乳幼児期に養育者との間で作られる基本的な信頼関係のことを指します。このアタッチメント形成は、人間の発達の起点になり、様々な能力の発達を促します。

一方で、発達障害の子どもは、定型発達の子どもに比べてアタッチメントの形成が遅れたり、適切に形成できず、二次障害につながる事例が多いことが知られています。

そこで第3章では、「アタッチメントと発達障害」をテーマに支援の考え方を紹介しています。

💡 アタッチメント（愛着）とは？

まずは基本的なアタッチメントの形成について紹介します。生後間もない赤ちゃんは、お腹が空いたり、転んだりすると泣いて不快な感情であることをアピールします。そのときに、養育者が寄ってきて、抱きしめて慰めるのような接触（アタッチメント）を繰り返して、強い信頼関係を構築していきます。

そのため、保護者は子どもが泣いたり、危険が迫ったりするときに、素早く反応して対応することができると、アタッチメントの形成も進みやすいといわれています。この素早く対応できる力を専門用語で「**敏感性**」といいます。また、子どもから見てアタッチメントを形成した養育者を「**安全基地**」と呼びます。

💡 安全基地＝情緒の安定

アタッチメントが構築されると、子どもは「何かあっても安全基地の

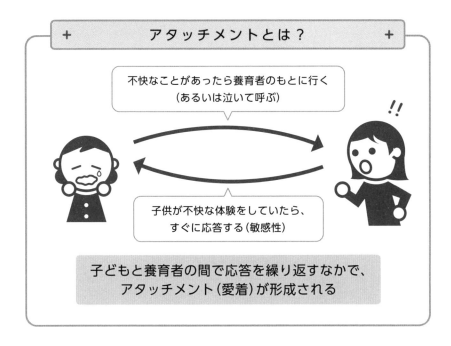

人がいてくれる」と感じるようになります。これは「**安心感の獲得（＝情緒の安定）**」とも表現されます。

　乳幼児期の子どもが徐々に情緒が安定するのは、体の発達だけでなく、この養育者とのアタッチメント形成が、安心感につながるからです。反対に、アタッチメントの形成が何らかの原因でうまくいかないと、安心感が得られず、不安な様子が増えることになります。

　「常に誰かのそばにいて1人で遊べない」「予想外のことに過度に驚き、パニックになる」「過度に人見知りをしてしまう」など不安な様子が多い子の背景には、アタッチメントの課題が隠れていることがあります。

POINT!

- 発達障害の子どもは、アタッチメントが形成できず、二次障害につながる事例が多い

3-2 アタッチメントとは②
内的作業モデルの特徴

他害行動や違法行動をしてしまう子どものなかには、安全基地が存在していないケースもあります。

💡 安全基地が頭のなかに思い浮かんでくる

　安全基地をもとに安心感を獲得すると、子どもにはある変化が起こります。それが、「**日常的に安全基地の人が頭のなかに思い浮かぶ**」という現象です。

　たとえば、道に咲いているお花を見ると、「お母さんにお花をあげたら喜ぶかな？」と、嬉しそうに話す女の子や、お絵描きをしているときに、「お父さんに見せてあげるんだ！」と、作業中に家族のことを思い浮かべて活動をする男の子などが、教育現場ではよく見られます。

　また、買い物中に「この服、うちの子に似合いそうね〜」と、我が子について考える人や、旅行中に「このお土産、部活のみんなに買っていってあげよう！」と、友達を思い浮かべるなどの経験がある人もいると思います。

　なお、安全基地の定義は、「**アタッチメントを形成できた養育者**」ですので、我が子や友達は安全基地ではないのですが、安全基地と同じく「アタッチメントが形成できている人」ということになります。

💡 安全基地の存在が、道徳心の発達を促す

　人間は、頭のなかに思い浮かぶ人のリアクションを想像して、よいこととわるいことを判断できるようになるといわれています。たとえば、「お花をあげる＝お母さんが喜ぶ（＝よいこと）」「描いた絵をお父さんに見せる＝お父さんが喜ぶ（＝よいこと）」などです。

　反対に、わるいことの判断にも、安全基地は影響します。たとえば、中学校の先輩に、「コンビニで万引きしてこいよ！」と脅された男の子が

安全基地の人が心のなかに浮かんでくる

アタッチメントを
形成した子ども

わるいことに
誘われる

安全基地の人が
頭のなかに浮かぶ
（ポジティブな反応＝よいこと）

安全基地の人が
頭のなかに浮かぶ
（ネガティブな反応＝よくないこと）

安全基地の人が頭のなかでどう反応するか
よいこと、よくないことの判断基準になる（＝内的作業モデル）

いたとします。そのとき、男の子の頭のなかには、「なんで万引きなんてしたの！」と悲しむ母親の姿や、「そんな子に育てた覚えはない！」と必死に怒る父親の姿が思い浮かびます。その結果、「万引きはできません！」と断ることができます。

　このように、**人間は頭のなかに浮かぶ安全基地の人が、どう反応するのかで、物事の良し悪しを判断する力（道徳心）を身につけます。**この現象を、「**内的作業モデル**」ともいいます。

　子育てや教育では、道徳心や善悪の判断力をどう教えて、どう育てていくのかという視点が大切になります。

　しかし、その前提として、アタッチメントの形成ができている安全基地が存在していることが、道徳心の獲得には必要となります。いわゆる、

他害行動や違法行動をしてしまう子どものなかには、この安全基地が存在していないケースもあります。

　もし、子どもがわるいことをしてしまうので、道徳心を育てたいと考えたときには、その前に「その子に安全基地の人はいるのか？」という確認が必要になります。もし、安全基地がいない場合は、まず支援者が子どもの頭のなかに浮かぶ安全基地になることが必要となるのです。

POINT!

- 道徳心の発達を促すためには、安全基地が存在していることが必要となる

3-3

アタッチメントとは③
探索行動の特徴

探索行動は、安全基地による安心感を土台にした次の発達であり、自分の興味・関心に基づいた行動のため、主体性や好奇心の土台になります。

安心感を獲得すると、探検が始まる

　アタッチメントを形成した子どもは、安心感と情緒の安定を獲得します。同時に、頭のなかに安全基地の人が思い浮かぶようになり、徐々に道徳心を学んでいきます。

　それと並行して、徐々に安全基地のもとを離れ、見たことがない場所を見に行ったり、周囲の人と関わりに行ったり、外の世界に興味をもち始めます。これを「**探索行動**」といいます。

　今までこわくて行けなかった世界に飛び込めるようになった理由は、安心感を獲得して冷静に考えることができるのと同時に、安全基地の人が頭のなかに思い浮かびやすくなっているので、「何かあっても安全基地に戻れば大丈夫！」という核心（安心）が生まれるからです。

　探索行動が始まった子どもは、公園に行くと、両親から離れて遊具で遊んだりします。あるいは、画用紙を見たらハサミを取り出して工作を始めるなど、自分の興味に基づいて行動するようになります。

　しかし、乳幼児期はまだ周囲の世界を学習している最中なので、探索中は時々不安になります。そこで、「少し離れすぎたかな」と感じたら、くるっと振り返って、安全基地の存在を確認し始めます。あるいは、「向こうに落ちていたよ！」と戻ってきて、探検の結果を報告し始めます。

　このように、探索行動の途中に安全基地に立ち帰る行動を「**社会的参照視**」といいます。

探索行動は、主体性や好奇心の土台

　探索行動は、安全基地による安心感を土台にした次の発達です。これ

アタッチメントが形成されると、
安心感と情緒の安定を獲得する

「危険なら安全基地に戻ろう！」と考え、
安全基地から離れていく（探索行動）

安全基地から離れる＝探索行動
不安で安全基地を見たり、戻る＝社会的参照視

探索行動を見守る、支えて後押しする

主体性や好奇心が発達する

は、**自分の興味・関心に基づいた行動のため、主体性や好奇心と呼ばれる力の土台**となります。探索行動は、養育者から離れていくため少し不安もありますが、大人が見守ってあげること、あるいは自分で始めた活動を後押しすることで、主体的に学ぶ子どもになり、何事にも興味をもって活動できる力を育んでいきます。

　ここで、探索行動を危ないと思い止めてしまうと、自分から動くことに不安を感じることを学習してしまいます。その意味でも、探索行動を見守り、後押しすることは養育者の大切な役割になります。

POINT!

● 探索行動の途中に安全基地に立ち帰る行動を「社会的参照視」と
　呼び、探索行動の後押しなどにより、主体的に学ぶ子どもになる

アタッチメントとは④
言語・コミュニケーション能力の発達

友達や先生など、アタッチメントを形成できた人が周囲に増えると、交流する機会や会話量も増え、言語発達が促されます。

💡 安全基地の存在が、言葉を発達させる

アタッチメントの形成による、「安心感（情緒の安定）・道徳心・探索行動の獲得」は、言語とコミュニケーション能力の発達の起点となることが知られています[*]。

たとえば、養育者とアタッチメントが形成できると、子どもは安心して養育者に話しかけることができるため、会話量が増えて言葉の発達が促されます。さらに成長すると、幼稚園・保育園など、家庭から離れた集団で過ごすことになります。その際に、園や学校のクラスメイトとの関係性作りでは、

- 安心感＝落ち着いて相手のことを考えて対応できる
- 道徳心＝相手のことを考えて行動できる
- 探索行動＝はじめて見る友達でも自分から話しかける勇気

などの力が、友達と関わる際にポジティブな働きをします。さらに、先生との関係性が構築される（＝安全基地となる）と、「先生の言うことは守ろう」という意識が働き、ルール・マナーの習得が進みます。また、一緒に過ごしたい友達が増えると、ルールを守って遊ぶ、勝ち負けより一緒に過ごす楽しさを優先するなどの姿勢も獲得しやすくなります。

このように、アタッチメントが形成している子どもは、人間関係を円滑にする土台の力をもっているため、対人関係を広げていくことができるのです。

[*] 遠藤俊彦 , 他 .(2017). 非認知的（社会情緒的）能力の発達と科学的検討手法についての研究に関する報告書 .

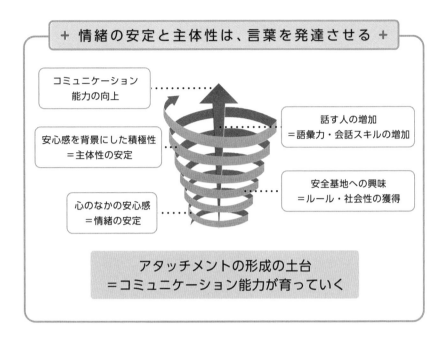

情緒の安定と主体性は、言葉を発達させる

- コミュニケーション能力の向上
- 安心感を背景にした積極性
  ＝主体性の安定
- 心のなかの安心感
  ＝情緒の安定

- 話す人の増加
  ＝語彙力・会話スキルの増加
- 安全基地への興味
  ＝ルール・社会性の獲得

アタッチメントの形成の土台
＝コミュニケーション能力が育っていく

アタッチメントを土台に、コミュニケーション能力が発達

　このように、友達や先生など、アタッチメントを形成できた人が周囲に増えていくと、交流する機会も増えて会話量が増加し、言語発達が促されます。また、コミュニケーション能力は、人と交流する機会が多いほど発達し、新しい人間関係にもつながりやすくなります。**人間は、アタッチメントを基盤にして、様々な能力の発達を促し、コミュニケーション能力を高めていきます。**

　反対に、生育歴のなかで、何らかの原因でアタッチメントを形成できなかった場合、コミュニケーション能力の発達に影響が出てしまうことがあります。第3章の後半では、アタッチメントが形成できないケースで起こる症状を紹介します。

POINT!

- 人間は、アタッチメントを基盤に様々な能力の発達を促し、コミュニケーション能力を高めていく

3-5

アタッチメントとは⑤
レジリエンスの向上

安全基地が多いほど、レジリエンス（心の柔軟性、未知に立ち向かう力）が高まっていくといわれています。

```
┌─────────────────────────────────────────┐
│  ＋        安全基地の拡大        ＋       │
│                                           │
│         ┌──────────────────────┐          │
│         │    様々な安全基地     │          │
│         │ （家族、先生、友達、  │          │
│         │    恋人、同僚）       │          │
│         └──────────────────────┘          │
│                                           │
│    ┌──────────────────────┐               │
│    │ 人は安全基地を広げていく │            │
│    │  基地の多さ＝心の強さ   │             │
│    │ （メンタルの強さ、      │             │
│    │   レジリエンス）        │             │
│    └──────────────────────┘               │
└─────────────────────────────────────────┘
```

係の構築と安全基地になる人が増えにくい傾向があります。また、「友人と相互交流をしている知的障害のないASDの子どもは20％である」と報告した調査もあります[*]。

　世の中には、「合わない人からは離れたほうがいい」というアドバイスがあります。確かに、メンタルへの影響を考えると、合わない人から離れたほうがいいですが、レジリエンスは高まらない結果にもなります。

　したがって、**健康なメンタルの獲得を考えた場合、安全基地をどう広げるかが重要になります**。そこでASDの人は、幼少期よりどれだけ特性を理解して関わってくれる先生・支援者と出会えるか、あるいは共通の趣味をもった友人を作れるのか、そのようなコミュニティに所属するか、という視点も大切になります。

[*] Connie Kasari et al, Social networks and friendships at school: comparing children with and without ASD, J Autism Dev Disord. 2011 May;41(5):533-44.

POINT!

●安全基地を多くもつ子どもは、レジリエンスが強くなる傾向があり、人生を生き抜く力を高めていく

愛着障害とは？ 〜アタッチメントが形成できない〜

アタッチメントを適切に形成できないと、「常に不安な状態」「意欲が低い」などの行動面や発達に影響が出ます。

アタッチメントが形成できない場合

アタッチメントは発達の起点になるため、適切に形成できないと、**「情緒が安定せず、常に不安な状態」「探索行動が少なく、意欲が低い」「積極的な会話が減ることによる、言葉の発達の遅れ」**などの行動面や発達に影響が出てきます。

また、個人差はありますが、被虐待児などの生育歴に課題がある子は、**「やる気や意欲が低い」**という実態を抱える場合があります。

愛着障害の特徴

一方、虐待や離婚などの原因により、養育者が十分に関われないと、アタッチメントを適切に築くことができない場合があります。

アメリカ精神医学会の診断基準の「DSM-5」では、**反応性アタッチメント障害（反応性愛着障害）と脱抑制性対人交流障害という2つの症状**があり、通称、**「愛着障害」**（Attachment Disorder）とも呼ばれます（診断基準の抜粋は次ページの図表を参考）。

アタッチメントや愛着障害は、教育の現場ではよく知られた考え方ですが、実際にこの考え方を支援に導入する際は、様々な課題や問題点が指摘されています。次の項目からは、アタッチメントや愛着障害を取り巻く課題を踏まえつつ、実際の支援をどう行っていけばいいのかを紹介していきます。

POINT!

● 愛着障害には、反応性アタッチメント障害（反応性愛着障害）と脱抑制性対人交流障害の2つが知られている

✛ 反応性アタッチメント障害・脱抑制性対人交流障害 ✛

反応性アタッチメント障害

心が閉じこもっている
子ども

アタッチメントの形成で失敗体験を重ねた結果、新しい人間関係を拒否するようになったと考えられる

- 養育者に対して、苦痛なときでも安楽を求めない、あるいは反応しない

- 他者に対しての働きかけが少なく、関わろうともしない

- ネグレクト、養育者の変更が複数回ある、養育者の少ない養護施設などの生育歴がある

- ASD（自閉スペクトラム症）の基準は満たさない

- 少なくとも9か月の発達年齢で、5歳以前に課題が明らかになっている

脱抑制性対人交流障害

人見知りしない子ども

特定の養育者とアタッチメントの形成がうまくいかず、信頼できる人とできない人の区別がうまくできない状態ではないかと考えられる

- 知らない大人に近づくことに抵抗が少ない

- 年相応ではない過度になれなれしい様子

- 参照視（養育者を振り返る行為）が少ない

- ネグレクト、養育者の変更が複数回ある、養育者の少ない養護施設などの生育歴がある

- ADHD（注意欠如・多動症）の診断基準は満たさない

- 少なくとも9か月の発達年齢で、5歳以前に課題が明らかになっている

※ American Psychiatric Association: Diagnostic and statistical manual of mental disorders, 5th ed., Washington, DC, 2013

愛着障害を取り巻く課題①
保護者への影響

愛着障害は、特に母親が責められることが多かったですが、「保護者を含めてどう支援を入れていくのか」という前向きなスタンスが重要です。

愛着障害は、保護者の育て方がわるいから？

　アタッチメントの形成には、養育者の敏感性や育て方が大切とされることや、日本語の「愛着」という名前から、保護者の愛情がなく、子育てが下手なため発症するイメージが根強いです。しかし、現在は保護者が愛情を込めて育てても、アタッチメントが形成されない事例が報告されてきました。後述しますが、発達障害とアタッチメントの関連を整理して、理解することが重要になっています。

　このように、アタッチメントの視点で考えるときは注意が必要です。保護者自身も心理的・経済的に困窮しているケースも多く、養育者に責任を追求しても解決しないケースがほとんどです。さらに、アタッチメントの知識が広まると、「子どもがいるのに働く女性＝子どもを放置する母親」と認識されることを恐れて、働きづらさを感じているお母様からのご相談も多いです。このように、過度にアタッチメントの重要性を強調することは、マイナスの影響も多いのです。

反応性アタッチメント障害は日本にはいない？

　アタッチメントの現象はまだ研究中の部分が多く、必ずしも今までの知識が正解とも限りません。たとえば、アタッチメント研究者のエインズワースは、「子どもが不快な体験したときに、どれだけ親が敏感に反応して対応できるのか、という敏感性が重要である」と報告しました[*1]。

　一方で、ルーマニアの捨て子に関する研究「Bucharest Early Intervention Project（BEIP）」「The English and Romanian Adoptees（ERA）project」では、反応性アタッチメント障害に該当する子どもが、

第3章　発達障害とアタッチメントの特徴

91

保護者の責任にしない

| 昔 | 愛着障害は、親の育て方がわるい |

↓

| 今 | 育て方以外に様々な要因がある
保護者が要支援のケースもある |

愛着の課題を保護者の責任にしない

里親のもとに引き取られた後に、症状が急激に改善したことを報告しています[2]。

　そのため、**養育環境が安定している家庭が多い日本では、反応性アタッチメント障害の子どもはかなり少ない**と考えられています。また、脱抑制性対人交流障害の可能性がありますが、症状が5歳以降も長引くことが多いという報告もあり、アタッチメントとは異なる要因であることも予想されています（Zeanah & Gleason, 2015）[3]。

　今まで保護者、特に母親が責められることが多く、一方で子育てとは異なる要因も指摘されており、「保護者がわるい」ではなく、保護者を含めてどう支援を入れていくのか、という前向きなスタンスが重要です。

＊1　Ainsworth, M. D. S., Blehar, M. C., Waters, E. & Wall, S. (1978). Patterns of attachment : A Psychological study of the Strange Situation. Erblaum.
＊2　ルーマニアの捨て子に関する研究「Bucharest Early Intervention Project (BEIP)」
＊3　Charles H Zeanah , Mary Margaret Gleason(2015) Annual research review: Attachment disorders in early childhood--clinical presentation, causes, correlates, and treatment. Journal of Child Psychol Psychiatry. Mar;56(3):207-222.

POINT!

● 日本では、反応性アタッチメント障害の子どもはかなり少ないと考えられている

愛着障害を取り巻く課題②
アタッチメントの有無はどう判断するのか?

子どものアタッチメントの個人差を測るテストとして、「ストレンジ・シチュエーション法」があります。

アタッチメントの個人差をどう判断する?

アタッチメントを最初に提唱したボウルビィの弟子であるエインズワースが、「**ストレンジ・シチュエーション法**」という、子どものアタッチメントの個人差を測るテストを開発しました。概要を紹介すると、次の4つの段階で子どもの反応を調べることによって、アタッチメントの状態を測るものです。

❶ 母子が同じ部屋に入る（子どもは自由に遊ぶ）
❷ 知らない人（ストレンジャー）が入室する
❸ 母親は部屋から出ていき、知らない人が子どもに関わる
❹ 母親が戻り、知らない人は退出する　※❶〜❹を2回行う

その結果、4つのタイプに分かれることが、現在、わかっています（次ページ表参照）。このなかで、**Bタイプ（安定型）の子どもが、アタッチメントが形成されて安心感を獲得している**とされています。

そして、**Aタイプ（回避型）、Cタイプ（アンビバレント型）、Dタイプ（無秩序・無方向型）が、アタッチメントが未形成の子どもであり、「不安定型」**と呼ばれます。しかし、Bタイプで安定している子どもが約60%であるため、実は残りの4割はアタッチメントが未形成の不安定型ということになります。つまり、表に従うと

・アタッチメントを形成して安定している子ども
・アタッチメントが未形成で愛着障害と診断された子ども
・アタッチメント形成に課題はあるが、診断はない子ども

ストレンジ・シチュエーション法

タイプ	子どもの反応	割合
Aタイプ (回避型)	母と別れる：平気 母と再開：回避・無視	15%
Bタイプ (安定型)	母と別れる：つらい 母と再開：泣いた後に回復	60%
Cタイプ (アンビバレント型)	母と別れる：つらい・怒る 母と再開：喜んだり、怒ったり、葛藤する	10%
Dタイプ (無秩序・無方向型)	母と別れる：恐れ・混乱 母と再開：凍りつく、パニック	15%

Ainsworth,1978 をもとに作成

の3種類が存在していることになります。

💡 アタッチメントが不安定＝二次障害になる？

アタッチメントの話を聞いていると、「アタッチメントができない＝わるさをする二次障害」と印象をもつかもしれませんが、実際はアタッチメントが不安定でも、社会適応できている人が多いです。

ただし、アタッチメントが不安定な人は、安心感を獲得できないことで、将来の行動にリスクを抱えることが多いとされます。数井（2007）は、このことから日本における愛着障害は、診断基準に基づいて考えられているのではなく、アタッチメントが不安定なことで起こる一連の行動を拡大解釈された概念に変わっていることを指摘しています[*]。

*数井みゆき, 遠藤利彦 (2007)『アタッチメントと臨床領域』ミネルヴァ書房

POINT!

- アタッチメントが不安定な人は、安心感が獲得できないことによって、将来の行動にリスクを抱えることが多いとされる

愛着障害を取り巻く課題③
愛着障害スペクトラムの特徴

アタッチメントと子どもの実態には様々なレベルがあり、グラデーションがあることが提唱されています。

💡 アタッチメントのスペクトラム

アタッチメントにも「スペクトラム」という発想が取り入れられ始めています。たとえば、Boris & Zeanah（1999）は、アタッチメントと子どもの実態にはグラデーションがあることを提唱しています（次ページ図）。レベルと実態を整理すると下記になります。

レベル	実 態
レベル1（安定型）	Bタイプ（安定型）＋適応行動が取れる
レベル2（不安定型）	Aタイプ（回避型）かCタイプ（アンビバレント型）だが適応行動は取れる
レベル3（不安定型）	Dタイプ（無秩序・無方向型）で適応行動が取れる
レベル4（安全基地の歪み）	アタッチメントは不安定型で、過服従・無鉄砲・攻撃性などが見られ、適応状態がわるい
レベル5（医学診断レベル）	アタッチメントは不安定型で、対人関係全般に機能不全を起こしている

現在、教育現場では特別支援教育の知見が広まっており、昔より発達障害をもつ子どもに支援が入りやすくなっていると感じます。

その一方で、「アタッチメントが不安定だが、診断はないグレーゾーンの子ども」の相談が上がってくるケースが目立つようになっている印象です。発達障害に比べて、こちらはまだ実態調査が少ないのでさらなる研究が必要になります。

第3章 発達障害とアタッチメントの特徴

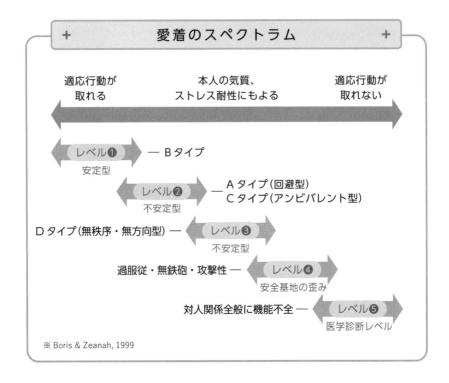

愛着のスペクトラム

適応行動が　　　　　本人の気質、　　　　　　適応行動が
取れる　　　　　ストレス耐性にもよる　　　　　取れない

レベル❶ ── Ｂタイプ
安定型

レベル❷ ── Ａタイプ（回避型）
　　　　　Ｃタイプ（アンビバレント型）
不安定型

Ｄタイプ（無秩序・無方向型）── レベル❸
　　　　　　　　　　　　　　　不安定型

過服従・無鉄砲・攻撃性 ── レベル❹
　　　　　　　　　　　　安全基地の歪み

対人関係全般に機能不全 ── レベル❺
　　　　　　　　　　　　医学診断レベル

※ Boris & Zeanah, 1999

💡アタッチメントよりも適応行動

　これらのことから、支援者は「**アタッチメントが不安定であることは、必ずしも二次障害につながるわけではない**」という認識が重要です。

　たとえば、生育歴が恵まれず、自分自身を「私は愛着障害だと思うんです」と言う成人の方に現場では多く出会いました。しかし、本人なりに工夫しながら、不適応を起こすことなく過ごされています。

　アタッチメントが不安定なことは、必ずしも人に迷惑をかけるわけではないということです。そして、他害行動や盗難など、社会的に不適応な行動は、周囲からの冷たい対応を経ていることや、適切な対応の支援がなかったことによる未学習が原因です。

　アタッチメントの視点は、子ども（または養育者）にレッテルを貼るのではなく、どうすればいいのかという前向きな発想に変えていけたら

と思います。

　ただし、発達障害の特性があることで、アタッチメントの形成に影響が出るケースがあります。次項より紹介します。

POINT!

- アタッチメントと子どもの実態には様々なレベルがある
- 支援者は、アタッチメントが不安定であることは、必ずしも二次障害につながるわけではないという認識が重要

愛着障害と ASD（自閉スペクトラム症）

愛着障害と ASD は見た目が似ているため、愛着障害と思ったときは、まず ASD の可能性を考えることが重要です。

愛着障害の不安の強さは、ASD の不安の強さと似ている

近年、発達障害とアタッチメントに関する悩みが増えていますので、以下で整理します。第一に、**ASD とアタッチメントが不安定な子どもは、見た目が似ている**という課題があります。

アタッチメントが不安定だと子どもは不安を抱えます。一方、ASD の子どもは「見通しがない」「感覚過敏」など、強い不安を感じやすい特性をもっています。つまり、アタッチメントからくる不安ではなく、ASD の不安が強い様子を、愛着障害と見間違えてしまう事例が学校現場ではよく見られます。

たとえば、「母子分離不安」の症状は、ASD の子どもでも見られます。はじめて通う園や学校に対して、見通しが立たないことに強い不安を感じて、保護者から離れられないからです。また、触覚過敏があると、安心感を得るために爪噛みや指しゃぶりをすることがあります。この様子を愛情不足と受け取って、愛着障害の誤解が生まれます。

したがって、**愛着障害と思ったときは、まず ASD の可能性を考えることが大切**です。特に、愛着障害だと思われていた子どもに、見通しがもてる説明の仕方や、感覚刺激を減らす環境調整をすることで、行動が安定することは多いです。現場では、まず本人に合わせた環境調整を行うことが求められます。

ASD の特性がアタッチメントの形成を遅らせる

上記のような誤解がある一方で、ASD 特性のため、アタッチメントの形成が遅れて、両方が併存している場合もあります。たとえば、ASD の子どもは、6割前後に触覚過敏を抱えるといわれます[*1]（米国国立精神

ＡＳＤの不安と愛着障害の不安

ASD（自閉スペクトラム症）の不安

見通しがもてない、感覚過敏

愛着障害の不安

安全基地がない、孤独

衛生研究所, 2021）。

　上述した通り、アタッチメントは、嫌な体験をしたときに養育者がきて、抱っこ・なでるなどのスキンシップを通して形成されます（アタッチメントの日本語訳は「接触・スキンシップ」）。しかし、触覚過敏があると、スキンシップを「痛い・気持ちわるい」と感じて拒否することがあります。その結果、養育者が積極的に関わっても、適切なアタッチメントが築けないという状態が発生します。

　また、赤ちゃんは笑顔を振りまいたり、かわいく泣いたりします。これは、養育者に「かわいい！」と感じてもらい、養育への関心を引き出すためといわれています。しかし、ASDの子どもは「人への興味が低い」という特性があり、「養育者と目が合って笑う」「養育者に抱っこをせがむ」などの一般的にかわいいとされる行動が少なくなる傾向があります。

　そのため、ASDの子どもの保護者のなかには、「子どもをかわいいと思えない」と悩んで、関わりが減ったり、養育者に余裕がなくなってネグレクト状態になり、結果的にアタッチメントの形成に影響することもあります。

＊１〈米国国立精神衛生研究所〉https://link.springer.com/article/10.1007/s10803-021-04991-0

ASDとアタッチメント

触覚過敏があると、安心感を与えるはずの
スキンシップが不快なものになり、アタッ
チメントが適切に形成されないことも

スキンシップを嫌がる子ども

人への興味が低いことで、養育者への関心
が薄いと、「かわいくない…」と感じて、関
わりが減ってしまい、その結果アタッチメ
ント形成が遅れることも

親に興味の
ない子ども

愛着障害とASDの見分け方

　支援計画を立てるときは、行動の背景がASDかアタッチメントか、両
方かをある程度見分ける必要があります。

　難しいですが、ポイントとしては、「**こだわり行動の有無**」がありま
す。愛着障害は安全基地がないことによる不安の強さが要因ですので、
何か特定の領域にこだわる・規則的な行動を繰り返すというこだわり行
動は、見られないことがあります。そのため、こだわり行動が見られる
場合は、ASDかASD＋愛着障害の可能性が考えられます。同時に、何
にも意欲がない、やる気がない場合は、不安からの意欲の低さ（探索行
動の少なさ）の可能性があります。

　また、感覚過敏もASDの人に多い特性であり、触覚過敏と聴覚過敏
は、自閉症症状の重さと比例する報告もあります[*2]。また、自閉症の約
8〜9割に触覚過敏があるといわれているため、触覚過敏の有無と症状
の強さは、愛着障害と見分ける際には有効になると感じます[*3]。

　たとえば、保護者との面談で「服に対するこだわりが強い」「食事の好

＊2　岩永竜一郎・十枝はるか・土田玲子・太田篤志 (2004) . 自閉症幼児の CARS スコアと感覚刺激
　　に対する反応異常の関係　長崎作業療法 ,1 (1) ,20-24.
＊3　松田恵子・和田由美子・一門惠子 (2019). 自閉スペクトラム症児者における感覚過敏・鈍麻の実
　　態 (1) 九州ルーテル学院大学紀要論文集 心理・教育・福祉研究 , 18.

ASDと愛着障害の見分け方

共通している行動

対人関係が安定しない、パニックが多い

ASD

ASD＋愛着障害

愛着障害

こだわり行動の有無
＝ASDの可能性
（愛着障害では少ない）

カーストを意識した行動
＝愛着障害の可能性
（ASDでは少ない）

感覚過敏の有無
＝ASDに多いが、愛着障害も不安
の強さから過敏なことも多いの
で判別が難しいことも

意欲が低い（探索行動が少ない）
＝愛着障害の可能性
※特定の分野に興味が強いとき
はASDの可能性

き嫌いが激しく、偏食がある」「歯磨き、耳掃除、爪切りには抵抗が激し
かった」など、生育歴のなかで低年齢から触覚過敏関連のエピソードが
あるケースは、触覚過敏をもつASDの可能性が高くなります。

　また、ASDの子どもは、人への興味が薄いことから集団の上下関係を
意識した行動は少ない傾向があります。したがって、上下関係を意識し
た行動が見られるときは、愛着障害の特性が強く出ており、ASDの特性
はないか、弱い可能性があります。

POINT!

● 愛着障害とASDを見分ける際には「こだわり行動の有無」を確
認する

● 感覚過敏もASDに多い特性であり、生育歴のなかで低年齢から
触覚過敏関連のエピソードがある場合は、触覚過敏をもつASD
の可能性が高くなる

3-11 愛着障害とADHD（注意欠如・多動症）

愛着障害の子どもは衝動性が強い傾向があるため、ADHDと間違えられることがあります。

愛着障害はADHDと似ている

愛着障害の子どもは、ASDと同様にADHDと行動が似ています。特に、大人の気を引こうとして不適切な行動をする様子が、ADHDの多動症状に似ているため、間違えられることが多いです。

また、**安全基地がなく意欲が低下している状態が、ADHDの不注意症状と似ていて間違えられることもあります**。見た目は似ていますが、背景要因が異なるので注意が必要です。

ほかにも、**愛着障害の子どもは衝動性が強い傾向があります**。これは、安全基地がないため、長期的な視点よりも、目の前の安心感を優先するためです。たとえば、先生にかまってほしくてウソをついてしまう愛着障害の子どもはよく見られます。長期的に考えれば、ウソをつくと嫌われてしまいますが、「今かまってほしい」という衝動性が強く、その後を見通した行動が難しくなるのです。これらの姿から、ADHDと愛着障害（特に、脱抑制性対人交流障害）はよく似ています。

ADHDの症状が不適切な養育を引き出すこともある

ADHDと愛着障害は、似ているだけでなく、併発することも多いです。たとえば、多動性・衝動性が強いADHDの子どもの場合、養育者がルール・マナーを教えても、自己抑制が苦手なため、道路に飛び出したり、迷子になったりすることが多く、養育者は多大な労力とエネルギーを使います。

そして、育児疲れで、「もうかまっていられない」と限界がきて、ネグレクト状態になり、アタッチメント形成に影響しているケースにも出会います。

ADHDと愛着障害の合併

多動性が高いADHDの子ども

危険な行動が多く、親御さんが疲弊して、養育放棄・ネグレクトにつながりやすい

道路に飛び出す子ども

ADHD特性で叱られることが多い

・「いつも怒っている人」と認識される
・アタッチメントの形成が進まない

大人に怒られる子ども

　また、ADHDは、行動面の課題が多いため、「忘れるなんてやる気のない子だね」「言われたことは一度で覚えなさい」などと注意を受けたり、叱られたりすることが増えます。

　特性的に難しいのに、本人はがんばって努力しているのに怒ってくる人に、信頼関係を築くことは困難でしょう。このように、保護者や先生が熱心に関わっても、アタッチメントの形成がうまくいかないことがあります。

🔍 愛着障害とADHDの見分け方

　愛着障害か、ADHDか、それとも併存かをどう見分けていけばよいのでしょう。1つは、**複数の場所で特性が見られるかどうかがポイント**です。発達障害は生まれつきの脳機能の障害のため、日時や場所を問わず、症状が見られます。一方、愛着障害は、「安全基地がほしい・かまってほしい」という欲求から、多動性が起きます。つまり、下記のような分け方です。

・誰もいない場所でも多動や衝動性が見られる＝ADHD
・大人の前では多動だが、誰もいないときは大人しい＝愛着障害

したがって、目の前に大人がいない状態、たとえば、帰り道や1人で留守番をしているときなど、**1人のときの様子を観察することが大切**になります。

同様に、生育歴のなかで、「2年生のときは担任と相性がよくとても落ち着いていた。しかし、3年生になると担任と相性がわるいのか、多動になった」などのエピソードは、詳細にヒアリングが必要です。

これは、担任の先生がADHDの症状に配慮や支援を入れてうまく対応したのであれば、ADHDの可能性が高いですが、特に何もしないで落ち着いて周囲と過ごすことができたとなると、ADHDではない可能性も出てきます。これも絶対ではありませんが、1つの参考になると思います。

💡 環境調整がアタッチメントの形成につながる

「ADHDと愛着障害が合併しているときは、どうすればいいですか？」と聞かれることもありますが、この際は**ADHDの子どもが過ごしやすい環境調整をおすすめします**（環境調整は1-9を参照）。たとえば、下記の通りです。

- 忘れ物をしないよう最初から学校に教具を置いてもらう
- 宿題の提出が困難なADHDの子どもには、図書館で友達と宿題をする
- 家はゲームなど、集中力を乱す要因が多いため、大切な活動は家の外で行う

このような環境調整をすると、特性があっても成功体験を積むことができます。ADHDの子どもは、注意力の脳機能の障害をもっていますので、忘れ物や遅刻をゼロにすることは困難です。

本人に難しいことを努力させれば、当然ですがストレスは溜まり、大人は「できないことを無理やり押しつけてくる人」になり、アタッチメントの形成は遠ざかります。

ADHDと愛着障害の見分け方

共通している行動

ぼーっと不注意な様子、大人の前で多動・衝動的な行動

ADHD

ADHD＋愛着障害

愛着障害

不注意症状が常に見られる
愛着障害は、実行機能障害ではないので、常に不注意な様子は見られない

1人で過ごすときは多動ではない
愛着障害は人前では多動だが、誰もいない場所では多動性は少ない

　まず、ADHDの子どもがミスを減らすには、どんな環境調整ができるのかを一緒に考えてあげることで、「この人は僕のことを理解してくれる！」と実感し、アタッチメントの形成が進むのです。

　このように、発達障害とアタッチメントは、複雑にからみ合っています。双方の特徴を押さえつつ、目の前の子どもの行動を丁寧に記録して、アセスメントを進めていきましょう。また、1人で焦って支援をするのではなく、チームで試行錯誤しながら支援を考えていきましょう。

　次の項目から、実際にアタッチメントの課題として、相談に来られるケースをあげながら、支援を考えていきます。

POINT!

- 愛着障害とADHD、併存を見分けるときは、複数の場所で特性が見られるかどうかがポイントになる
- ADHDと愛着障害が合併しているときは、ADHDの子どもが過ごしやすい環境調整を行うことがおすすめ

アタッチメントへの支援①
「過度にかまってほしがる」への対応

アタッチメントの形成は安心感の獲得につながり、逆に十分形成できなかった場合は常に情緒が不安定な様子が見られます。

過度にかまってほしがる

学校現場では、「初対面で誰でもかまわず抱きついてきて、過剰にかまってほしがる。家庭環境にも課題がある。どうすればいいか？」という相談が寄せられます。このような場合に、どう支援を考えればいいでしょうか？

安心感と育て直し

アタッチメントの支援のキーワードは「**安心感**」です。アタッチメントの形成は、安心感の獲得につながります。反対に、十分形成できなかった場合は、常に情緒が不安定な様子が見られます。

この不安を払拭するために、「初対面の人に抱きつく」「過度なスキンシップが目立つ」などの様子につながります。安心を求めた結果、かまってほしい、注意引きの行動が増えてしまいます。

また、スキンシップの不足を、指しゃぶりや爪噛みで補おうとする行動も増えます。強い承認欲求やかまってほしい気持ちに対して、スポーツや勉強などの社会的に適切な行動をすることで注目を集められれば、必ずしも二次障害行動にはなりません。

しかし、**生育歴のなかで、適切な行動が獲得できないと、不適切な行動で、注目を集めてしまいます**。社会的にアウトな行動には、大人も反応せざるを得ないため、不適切な行動をすることによる成功体験（人がよってくる）を積みやすいといえます。

ほかにも、「友達ができると過度に依存し、友達に第三者が近づくと威嚇する」「誰かそばにいてほしくて八方美人になる」「違法行為への誘いを断れない」などがエピソードとして上がってきます。

＋ アタッチメントの未形成 〜不安の強さ〜 ＋

安心感の元になるアタッチメントがない

▼

不安が強いことによる不適応行動

- 校門の前で母親から離れられない
- 自分のミスを認められない
- 爪噛みや指しゃぶりをしてしまう
- 初対面の大人にスキンシップを求める

💡 愛着障害は、発達障害を見落としてしまう可能性もある

　発達障害の子どもは、特性からアタッチメントを形成しづらいことがあります。その結果、「本当は発達障害で保護者も熱心に育てていたが、アタッチメントがうまく築けなかった」というケースもあります。

　このケースで、「愛着障害」をクローズアップしすぎると、一次的課題である「発達障害」に支援が入らず、むしろ改善が遅れてしまうことがあります（これを防ぐために、医療の基準でも発達障害と愛着障害の重複診断はできません）。

　このため、安易に愛着障害という見立てをする前に、**その子の背景にある発達の傾向や認知特性、性格、得意・不得意を十分にアセスメントして、その子自身をよく観察して配慮・支援を入れることを優先することが重要になる**のです。

POINT!

- 不安を払拭するために安心を求めた結果、「初対面の人に抱きつく」「過度なスキンシップが目立つ」などの行動が出てしまう

第3章

発達障害とアタッチメントの特徴

アタッチメントへの支援②
子どもに強みを見せる

> 子どもの不安に寄り添い、安全基地になるポイントは、「赤ちゃんのとき
> に養育者とどう信頼関係を築いたか」をもとに考えます。

💡（1）子どもに強みを見せる

　このような不安を抱える子どもには、安心できる関わりがポイントです。現場で働く人にとって、「子どもの安全基地になりたい」と誰もが思いますが、現実はなかなか関係が築けず悩む先生も多いと思います。本項から3-15まで、子どもの不安に寄り添い、安全基地になる3つのポイントを紹介します。ポイントは、「**赤ちゃんのときに養育者とどう信頼関係を築いたか**」をもとに考えます。

　1つ目は、「**子どもに強みを見せる**」です。たとえば、赤ちゃんのときの保護者は、ご飯をくれて、泣いたら慰めてくれて、オムツを替えてくれて、危ないことから守ってくれるという生きるための環境を作り、気持ちを安心させてくれます。だから「お母さんと話したい、遊びたい」と感じます。

　しかし、年齢が上がり、小中学生になった子どもにとって、先生や支援者は安全か危険かわからず、警戒心を解くのに時間がかかります。そこで、丁寧に関わると同時に「あの先生と話してみたい」と思わせるきっかけづくりは重要です。つまり、子どもに強みを見せて「すごい！」と思わせることができると、気持ちが能動的になり、アタッチメントが形成される時間を短縮できます。

　たとえば、「スポーツが得意な男性の先生が、ヤンチャな男の子にも人気がある」というのは、現実には多いと思います。あるいは、美人・イケメンな先生も、子どもから見ても「話したい！　関わりたい！」と感じやすく、最初の関係作りでは強みになります。

　このように紹介すると、「私には何もない…」と思う人もいるかもしれ

ません。著者の私自身、運動は苦手、イケメンとはいえず、ミスも多い
と、お世辞にも好かれやすい特性はありません。そこで、「その人の強み
を活かす」を意識することでカバーすることができました。

　たとえば、私は絵を描くことも苦手ですが、2つだけ描ける絵があり
ます。それが、龍とドラえもんの絵です。ヤンチャな男の子の目の前で、
黒板に大きな龍を描いたり、メンタルが不安定な女の子の前に異常にう
まいドラえもんを描いたりすると、一瞬素直になって話しかけてくれま
す。私は子どもとの関係作りのために、この2つの絵だけ極めました。

　ほかにも、頭の体操のようなクイズを常時20〜30個用意して、子ど
もたちによく出していました。すると「先生はどうも頭がいいらしい」
という空気が生まれ、子どもから話しかけてくれます。

　このように、大人の強みを紹介すると、子どもの興味・関心をひける
ので、子どもから「この先生と話してみたいな」と感じてもらえます。
何もないところから関係を築くより、最初のスタートダッシュをつけら
れるので、より短時間で関係性を築くことができます。

POINT!

- 自身の強みを子どもに見せるという、「あの先生と話してみた
い」と思わせるきっかけづくりは重要

アタッチメントへの支援③
大人から先に興味を向ける

大人から先に興味を向けると、安心感が大きい、適応行動を教えやすい
という2つの効果があります。

（2）大人から先に興味を向ける

2つ目のポイントは、「**大人から先に興味を向ける**」です。（1）で子
どもの興味をひいて、話しかけてくれたり、応答したりしてくれるよう
になったら、次は、大人から子どもに積極的に興味を向けます。特に、
アタッチメントが不安定だと思う子には、大人から先に関わることをお
すすめしています。

先に興味を向けると安心感が大きい

効果は2つあります。1つは、「**安心感が大きい**」ということです。

たとえば、教室のなかで不安を抱えながら過ごしている子どもは、不
安から先生にかまってほしくて、お試し行動などに発展します。そこで、
子どもが来る前に、先生から「ねえねえ、Bさん〜」と、先に関わりに
いきます。

少し異なる事例ですが、下記の2つのパターンで、どちらの旦那さん
のほうが奥さんは安心を感じるでしょうか（多くは②だと思われます）。

❶ リビングでゴロゴロしながら、奥さんが「部屋を片づけて！」と
　指示をしたら片づけ始める旦那さん
❷ 奥さんが言う前に部屋を片づけて、終わってからリビングでゴロ
　ゴロしている旦那さん

同様に、子どもが人との関わりや承認欲求を求めているのであれば、
先にアプローチしたほうが、「先生は僕のことをちゃんと見てくれる！」
と安心感が伝わります。また、不安からかまってほしくて、抱きついた

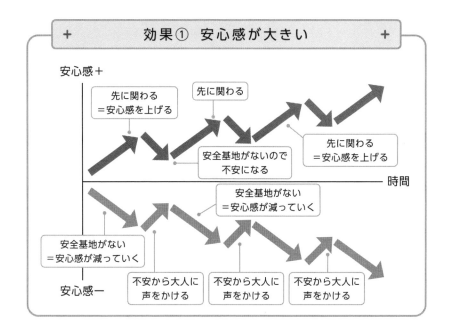

り、わるさをしたりする子どもは、その時点で、安心感のエネルギーが低下しています。そのタイミングで相手をしても、「減った分を少し回復する」という意味合いしかありません。

それよりも、先手で関わり、安心してエネルギーを貯めてもらいます。もちろん、時間が経つとエネルギーは減っていきますが、繰り返し先に関わりながら、エネルギーを貯めることでアタッチメントの構築につながっていくのです（先に関わりながら、エネルギーを貯める様子は、上の図にも示しました）。

これは、（1）の「子どもに強みを見せる」を先にしておくことで、**「関わりたい」と思った人が、「時間をとって自分に関わってくれている」という安心を得やすい環境を作ることが大切**です。反対に、「子どもから関わりたくない人・特に関心がない人」という認識の人に声をかけられても安心にはつながりませんので、順番に注意が必要です。

適応行動を教えやすい

2つ目の効果は、「**適応行動を教えやすい**」という点です。

効果② 適応行動を獲得しやすい

いい・わるいの判断が苦手	先に興味を示して、誘う
↓	適応行動を教えて、褒める ↓
主体的な活動では、不適応行動が発生する確率が上がる	適応行動の定着につながる

良し悪しの判断基準ができてから、
主体的な活動にシフトしていく

　教育の世界では、子どもの自主性の尊重は重要なテーマです。しかし、学童期〜青年期でアタッチメントが不安定な子どもは、道徳心の低さや意欲の低さがあるため、ただ待っていても現状が変化しないばかりか、授業を飛び出したり、展示物を壊し始めるなど、不適切な行動をむしろ促してしまうことがあります。これは、頭のなかで良し悪しの声をかけてくれる存在が薄い（内的作業モデルが働かない）ため、適切な行動の判断基準が未発達だからです。

　たとえば、まだアタッチメントが確立していない、1〜2歳の子どもとお散歩に行くと、道路に飛び出す、お隣さんとすれ違っても無視する、などの行動が当たり前に起きます。これは、単に「知らない・わからない」というだけです。そんなときは、「道路は危ないからお母さんと手をつなぎましょう」「近所の人に会ったら挨拶をします。『こんにちは』ってお父さんと言いましょう。せーの、『こんにちは』」などのように、1つひとつの動作を教えて、できたら「よくできたね！」と褒めると思います。

　このような関わりが、安全基地が形成されたときに、頭のなかに浮かんでくる声となるのです。したがって、アタッチメントが不安定と思われる子ども、特に不適応行動が多い子どもには、待つよりも、

- 休み時間になったら「外で鬼ごっこしようか」
- 「先生と図書室に行って、本を運ぶの手伝ってくれない？」
- 「休み時間になったら一緒に窓を開けましょう」

　など、先生から声をかけて巻き込みます。「え〜」と言いつつ、先生の指示で動いてくれたら、「ありがとう！」「気が利くね！」と褒めて、認めていきます。この言語化が、子どもにいい行動の基準となり、その後の似たような状況のときに、「先生が言っていたから、やってみるか」と適応行動の獲得につながっていきます。このように、アタッチメントが不安定な子には、先に声をかけて、指示をして、適応行動を教えることが大切になります。

適応行動としての「遊び」

　ほかにも、ケンカや暴言などの他害行動がある子どもは、「友達と適切に関わる行動」を獲得していないことがほとんどです。その場合は、「適切な遊び方」を積極的に教えることもよくあります。「遊びたいが具体的に何をしたらいいかわからない」という心理は不安につながります。それゆえに、「誰かかまってほしい……」という心理につながります。

　そんなとき、「○さん、指スマしようか！」と声をかけて、一緒に遊びながら遊び方を教えます。すると、次から「指スマしよ！」という適切な関わり方を選ぶことができます。もちろん、その前に「先生に話しかけられても嫌がらずに聞いてくれる」という心理状態にする必要があるため、（1）の強みを見せて、子どもから話したいと思ってもらえる能動的な関わりが最初は必要です。

POINT!

- （1）の「子どもに強みを見せる」を先にすることで、「関わりたい」と思った人が、先に関わって興味を示すことが重要

アタッチメントへの支援④
時間をかけて関わる

> ここでは、子どもからの信頼と安心を深めやすくするための３つの工夫
> を紹介します。

（3）時間をかけて関わる

　最後は、**（3）関わる時間をいかに長くするか**ということです。乳幼児
期は、家庭で養育者と一緒に過ごせる時間が人生で最も長い時期ですが、
年齢が上がるとそうはいきません。長ければいいわけではありませんが、
長時間一緒に過ごすほうが信頼と安心を深めやすいことは事実です。そ
のための工夫を紹介します。

担当を決める

　まず、「**担当を決める**」という手があります。園・学校の担任が、多忙
で十分関われないときは、加配の先生、生徒指導担当、副校長先生、養
護教諭、特別支援コーディネーターなど、担任外の先生を担当に決めて、
「何かあったらこの先生が対応する」と役割を固定すると、特定の大人と
関わる時間を長くすることが可能です。これは、児童福祉施設や習い事
など、関わる時間が少ない施設でも可能です。

　少人数の学校では、学級にいられない子どもを校長室で面倒を見たり、
学級にいられない女の子たちが保健室で集まっているのも、同じ効果か
もしれません。

手紙を渡す

　ほかにも、「**手紙を渡す**」という手段も効果的です。特に、思春期にな
ると、「大人と話している・褒められている」という場面を、同学年に見
られることに極端に抵抗を示す子どもが増えます。

　しかし、「○○がんばっていましたね」「教えた○○上手になりました
ね」などを、手紙や付箋に書いてこっそり渡すと、「先生は私のことを見

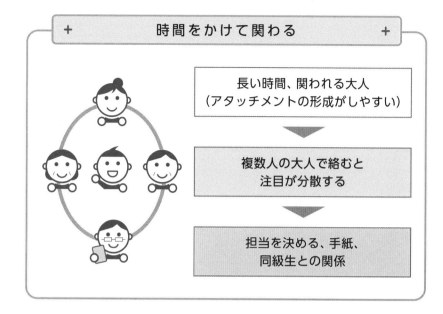

てくれている！」と強く意識してくれます。

　手紙は目に見える形で手元に残り、自宅に持ち帰ると、家庭でも手紙をもとに保護者からの賞賛も増えます。信頼関係は視覚化することが難しいですが、手紙は具体物であり、気持ちが視覚化され、保護者とも共有できるという点で、効果的なツールだと思います。

　私自身は、手紙型の付箋を用意しておき、アタッチメントの課題がある子どもの行動を意識的に追いかけ、何かあればメモをしてこっそり渡す、連絡帳に貼っておくなどの手段をとっていました。

💡 同級生との関係性を深める

　また、「**同級生との関係性**」も重要になります。先生とのアタッチメントは強力ですが、進級や先生の異動などで終わることも多く、期間は1〜2年間と限定されます。

　しかし、同級生は学年が上がっても存在しますし、子ども〜お年寄りになるまで関係が続くこともあります。したがって、期間の長さでいえ

ば、家庭と同じくらい安定したアタッチメントを期待できます。

　もちろん、友達という存在は相性があり、大人からコントロールできるものではありませんが、学級や教室でレクやアクティビティなどで楽しく交流できる機会を増やし、いろいろな遊びなど適切に関われるツールを増やしていくことで、友達ができる可能性が上がります。長期的に見たときに教室内の子ども同士の仲を深めることは、メンタルの安定に高い効果があります。

POINT!

- 子どもからの信頼と安心を深めるため、担当を決める、手紙を渡す、同級生との関係を深めるという工夫が有効

アタッチメントへの支援⑤

上下関係へのこだわり

上下関係にこだわる様子が見られるのは、不安が強いために、安全なポジションを確保するための行動と考えられます。

💡不安がカーストへの執着を生む

「アタッチメントの課題がある子どもが、クラスで弱い者いじめをして、困っている」という相談も寄せられます。このような場合に、どう回答すればいいでしょうか?

アタッチメント形成が進まず、不安が強くなると、不適応行動につながる特有の行動が見られることがあります。たとえば、学校では上下関係(スクールカースト)への過剰適応が起きることがあります。たとえば、下記のような行動です。

- こわい先生の前ではいい子になる
- クラスのリーダー・ボスタイプの生徒にはコビをうる
- 自分より弱そうな生徒には、強気に出ていじめたりする

これは、**不安が強いために、安全なポジションを確保するための行動**と考えられます。人間は組織的に動くために上下関係という役割を作って意思疎通をスムーズにします。これは、人に限らず社会性を発揮する生物(類人猿、ハチ、アリなど)では、一般的な行動です。

この上下関係のなかで、**最も安全性が高い場所は、リーダーの下**です。リーダーが味方であれば、何かあったら守ってもらえますし、反対にリーダーに嫌われると、集団全体に迫害される可能性があります。このように、不安が強い人は、集団のリーダーの位置にいる人の下に積極的に就こうとすることが増えます。

一方、下の人間が反抗してきたら、地位が脅かされて大変です。そのため、自分より立場が下の人には、「自分のほうが上である」と威嚇行動

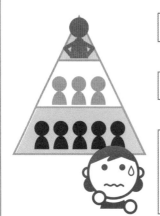

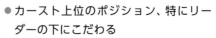

上下関係へのこだわり

安全基地がなく、不安な状態

集団のなかで振る舞いを間違えると危険

● カースト上位のポジション、特にリーダーの下にこだわる
● 自分より下と思った人には反抗されないよう威嚇し始める（＝いじめ行動）

をして、地位を守ります。これが、学校では弱いものいじめという形で表われます。

💡 リーダーの振る舞いが重要になる

　この傾向は、学校に限らず、民間企業など人が集まる場所でも同じようなことが発生します。対策としては、**「リーダーの価値観を変える」ということが重要**です。教室であればリーダーは担任の先生になります。たとえば、トップが「弱い者いじめは許さない」という方針を出せば、弱いものいじめをした段階で、組織から弾かれますので、おとなしくなります。あくまで、不安を払拭するためのアプローチですので、「いじめは許さない」という方針を出して、安全を確保し、その後、適応行動を教えていくという流れが重要です。

POINT!

● 学校でいじめなどがあった場合、「リーダーの価値観を変える」ことが重要

3-17

アタッチメントへの支援⑥
意欲の低さへの対応

アタッチメントが形成されないと、意欲が低下するケースが増えるため、早期から支援することが必要となります。

探索行動が起こらない

「アタッチメントの課題がある子どもは、何かやりたいという気持ちが薄く、いつも消極的でめんどくさがりです。どうすればいいですか？」という相談も寄せられます。このような場合に、どう回答すればいいでしょうか？

アタッチメントが形成されないと、意欲が低下するケースが増えます。たとえば、子どもは安全基地があることで、安心感を背景に「探索行動」が始まります。しかし、安全基地がなくて不安な状態では、自分の興味よりも安心感を優先するため、探索行動が減少します。そのため、主体的な行動に気持ちが向かず、

- やりたいことを聞かれても答えられない
- 勉強をめんどくさがる
- 消極的になり、ぼんやりしている姿が増える

など、全体的に意欲がない姿が増えることがあります。

学校に行けないことも

安全基地となる存在が現われず、意欲が低下している状態が続くと、登校しぶりが始まったり、不登校・ひきこもりに発展したりすることがあります。

学校は、集団で過ごして社会性を育んだり、勉強をして将来の可能性を広げたりすることが求められます。

＋ アタッチメントの未形成 〜意欲の低さ〜 ＋

安心感を元にした探索行動が起こらない

意欲が出ず、何事にもやる気が出ない

- 1人で行動することが多い
- クラスメイトの誘いにのらない
- 将来の夢など先のことに意識が向かない
- 授業は理解できるが、勉強のやる気が起きない
- 習い事が続かず、すぐ辞めてしまう

　しかし、アタッチメントが未形成で「安心したい・誰かそばにいてほしい」という欲求が強い状態は、「相手の気持ちを優先する行動」という社会的な行動が難しくなります。

　もちろん、その逆境を乗り越えて成長する子どももいますが、定型発達の子どもと比較すると、周囲との友達関係が続かなかったり、勉強にも支障が出たりする可能性が上がります。その結果、不登校を選択したり、家でひきこもりの状態になったりして、社会参加が難しくなることもあります。

　不登校自体はわるいことではありませんが、**アタッチメントの形成を目指さないと、将来の社会参加が困難にも影響するので、早期からの支援が必要**となります。

POINT!

- 意欲が低下している状態が続くと、登校しぶりが始まったり、不登校・ひきこもりに発展したりすることがある
- アタッチメントの形成については、早期からの支援が必要

アタッチメントへの支援⑦
依存性が強い子にどう対応する?

> 依存性が強い子には安全基地を拡大する考え方が必須ですので、計画的に取り組む必要があります。

🔘 依存性が強い子ども

アタッチメントの課題がある子どものなかには、「気に入った先生にずっとべったりしていて、依存している」「特定の友達に依存していて、友達に別の子が近づくと威嚇して攻撃する」という、特定の人物に依存しているケースの相談が寄せられます。このような場合に、どう回答すればいいでしょうか?

安全基地を求めている子どもは、**「自分のそばにいてほしい」と思った人に、過剰に関わるため依存状態に見えることがあります。**

もちろん、先生がじっくり対応して関わり、アタッチメントを形成することで、徐々に行動が安定するケースも多いです。ただし、安全基地が先生1人の場合、次年度に別のクラスになると、アタッチメントが崩れてもとに戻ります。

そのようなケースを防ぐために、「特定の先生が関わりすぎると、その先生がいなくなったときに余計に崩れるため、先生たちは全員一定の距離を置くこと」という方針の学校も見かけます。

確かに、余計に荒れるのであれば、最初から関係性の構築を目指さない方針は一理あります。しかし、一方で全員から距離を取られた子どもは、一体いつになれば情緒は安定するのでしょうか?

アタッチメントの問題は、**「心から信頼できる、安心できる存在がいない」**ということですので、適度に距離を空ける対応は、長期的に見るとその子の課題を解決することはありません。

🔘 基地を拡大していく

そこで、**目標を「基地の拡大」にする方法**があります。

依存性が強い子への支援 〜基地の拡大〜

安全基地が１名だと
べったりになる

先生に依存状態

安全基地が複数ある状態

依存状態にならない

担任、あるいは担当の先生が最初の安全基地として関係性を築きます。それだけでは、担任に依存している状態と同じです。しかし、依存している間は情緒・行動が安定しているため、その段階で担任以外の隣のクラスの先生・加配の先生・養護教諭・保育所等訪問支援の職員など、別の大人と関わる時間を増やして、安全基地を２名、３名と増やしていきます。

担任１名が安全基地なら依存ですが、もし担任を含めて５名の先生とアタッチメントを築いていれば、安心感は５倍ですし、関わる時間も１人あたり1/5になるので、問題ではない（依存とは認識されない）状態となります。

このように、依存のリスクを解消するために、安全基地ができて落ち着いたら、「安定しているうちに基地を増やそう」と支援を展開することで、長期的なメンタルの安定と行動の改善が見込めます。

💡基地の拡大の目標

理論的に考えれば簡単ですが、基地の拡大を実行するのは大変です。しかし、社会に出るまでに自立を目指すのであれば、必須の考え方ですので、計画的に取り組む必要があります。

ステップとしては、**学校の先生や大人と安全基地になることを目指します**。また、安全基地が１人できたとしても、２人目が安全かどうかはわかりません。そこで、『「子ども－安全基地の先生」＋次の先生』という安全基地の先生がそばにいる状態で安心感をもちながら関わっていきます。そうしてある程度関係性が築けたら、３人目、４人目…と１人ずつ焦らず拡大していきます。

💡 同世代との関係

　複数名の先生との関係性が構築されると、情緒も安定します。次は、**同世代との関係構築に進めるとよい**です。

　たとえば、クラス内の友人ができれば長期的に安定するため、長期的に重要な存在です。友人関係は必ずしも成功するわけではありませんが、アイスブレイクでの自己開示やレクリエーションの機会を設けて関わりを増やし、友人のアタッチメントの拡大を図ります。

　これは、ASD特性の有無で支援内容も変化しますが、将来的なことを見越すと、友人関係のアタッチメントを拡大することは効果的です。「つらいときに、電話で相談できる」「休日に一緒に遊んでリフレッシュできる」など、思春期～青年期～社会人にかけて友人関係のアタッチメントの有無は、生活の質（QOL）にも直結するため、友人まで安全基地の拡大を目指したいところです。

　日戸（2017）は、ASDの子どもは、社会的に交流できる友達が約20％であり、ASD同士で関係性を築いても、仲間関係は維持することの限界性があると指摘しています。このことからも、発達障害（特にASD）の人は、友人関係の維持に関しても何かしらの支援が必要だと思います[*]。

　以上のように、意図的にアタッチメントの視点をもちながら、支援にあたることが重要と考えます。

---

[*]　日戸由刈、藤野博. 自閉症スペクトラム障害児者の仲間・友人関係に関する研究動向と課題. 東京学芸大学、紀要. 総合教育科学系, 2017.68(2): 283-296

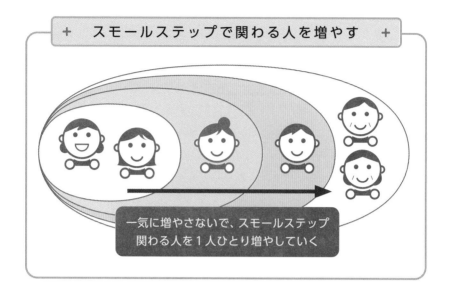

スモールステップで関わる人を増やす

一気に増やさないで、スモールステップ
関わる人を1人ひとり増やしていく

家族とのアタッチメントが再形成されるケースもある

　近年は、養育困難な家庭の子どもの相談も多いです。これは、保護者の就職状況や社会の経済状況など多くの要因に左右されるため、致し方ない面もあります。そのなかでアタッチメントの課題をもつ子どもたちの行動が荒れ、さらに家庭との関係性が悪化している事例もあります。

　そんななか、組織的にアタッチメントの形成に取り組み、子どもの情緒・行動が安定していくと、保護者・家族のほうも対応が変わり、関係性が再構築される事例も見られます（アタッチメントは、一度形成した後に、離れたり、再度構築し直されるなどの傾向があることが知られています）。すべての支援がここまで成功するわけではありませんが、アタッチメントの支援が家族全体を支えるケースもあるということは、ぜひ知ってください。

POINT!

- 依存性が強い子どもには、「安全基地」の拡大を目標にする
- 複数名の先生との関係性が構築された後は、同世代の友達との関係構築に進める

アタッチメントへの支援⑧
保護者への支援

「ペアレント・トレーニングへの参加」などは、保護者のメンタルの負担を減らす効果が高いとされています。

💡 保護者のメンタルへの支援

　発達障害の子どもの保護者から、「うちの子どもは、発達障害だけでなく、愛着障害もあるみたいです。どうしたらいいでしょうか？」と相談を受けるケースもあります。このような場合は、どう回答していけばいいでしょうか？

　障害者支援では、当然ながら**保護者支援も重要になります**。第一に発達障害の子どもを育てるのは、定型発達の子どもを育てる場合よりも時間とマンパワーが必要になることが多いです。さらに、現代は共働き家庭が増加し、育児に時間をかけられない家庭も多いです。

　「親族や友人の援助」「公的な育児支援サービスや保育園の一時預かり等への積極的な申請」「児童発達支援事業、放課後等デイサービスなどの児童福祉施設の利用」「家事負担を減らす家電」など、負担を減らす支援は可能な限り入れていきます。

　また、保護者のメンタルへの支援として、**「ペアレント・トレーニングへの参加」「発達障害の保護者向け学習会への参加」**など、障害理解を進めて子育てスキルを高めるのは、保護者のメンタルの負担を減らす効果が大きいことが知られています。私の所属する法人でもオンラインによるペアレント・トレーニングを主催していますが、その効果は大きいと感じています。

　支援コミュニティへの所属は、保護者の安全基地を増やす意味でも効果的です。地域にある「保護者コミュニティ」「障害当事者会」「ペアレント・メンター」などを調べて紹介することも大切でしょう。特に、障害児を育てる保護者からは、ママ友パパ友との共通の会話が少なく、関

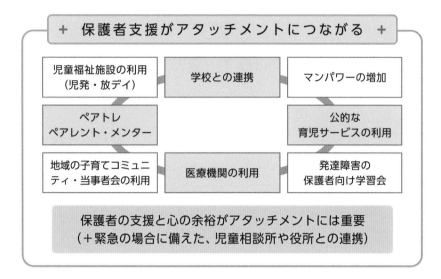

保護者支援がアタッチメントにつながる

児童福祉施設の利用 （児発・放デイ）	学校との連携	マンパワーの増加
ペアトレ ペアレント・メンター		公的な 育児サービスの利用
地域の子育てコミュニ ティ・当事者会の利用	医療機関の利用	発達障害の 保護者向け学習会

保護者の支援と心の余裕がアタッチメントには重要
（＋緊急の場合に備えた、児童相談所や役所との連携）

係性を広げにくいという相談が多いです。将来的に子どもが過ごす地域の資源を使っていくことは大切です。

医療機関の利用も

　障害支援の分野では、子どもの保護者も障害当事者かつ、アタッチメントが不安定という事例も多いです。多くの場合、精神科やメンタルクリニックに通っていますが、もし利用されていない場合は、1つの提案として、医療機関の利用をすすめてみるのも効果的です。

　特に、精神科医の先生や在籍の心理カウンセラーの先生は、地域に根づいて何年も継続して関わることができます。その意味でも、長期的に関われる安全基地になるケースもあるため、選択肢の1つとして有効です。

POINT!

●保護者が支援コミュニティへ所属することは、保護者の安全基地を増やす意味でも効果的

第 4 章

不登校と発達障害についての支援のしかた

この章では、不登校支援のアセスメントや環境調整のしかた、本人への支援、発達障害と睡眠・食事習慣の関係、不登校を予防する体制作りなどについて解説します。

不登校支援の現状は?

不登校も二次障害であるため、家庭、学校、医療機関などが連携して対応にあたることが重要です。

不登校は二次障害

第4章では、**不登校の支援**について紹介していきます。**不登校も、本人の特性に合わない学校環境が重なって起きた二次障害**となります。したがって、基本は二次障害支援の「アセスメント、構造的環境調整、人的環境調整、本人への支援」の4つのステップに沿って進めていきます。そのため、家庭、学校、医療、第三者機関が連携して解決にあたることが必要です。

令和3年度の文科省調査では、小・中学校における不登校の児童生徒の数が、24万人を超えて過去最高になりました。この調査では、新型コロナウイルスの感染回避を理由に親が登校を許可しない子どもが約6万人、学校を休んでいる理由が不明な子どもが約5万人という数値も発表されました[1]。このなかには、コロナウイルスを理由に不登校になっているケースや、不登校調査に表われない子どもが隠れていることも考えられるため、実態は24万人をはるかに越える可能性があります。

また、2011年の文科省の不登校調査にて、**不登校は、学校に通えない状態が続くと、卒業後もひきこもりに移行するケースが全体の10～20%程度存在する**と報告しています[2]。このように、不登校は年々悪化している状態のため、精神科医・筑波大学教授の斎藤環氏は、「不登校は、現在の学校の制度疲労であり、社会的排除である」と述べています。

連携の重要性

不登校支援には様々なリソースがあります。たとえば、学校にはスク

＊1　文部科学省「令和3年度 児童生徒間の問題行動・不登校等生徒指導上の諸課題に関する調査」
＊2　文科省 (2011)「不登校に関する実態調査」

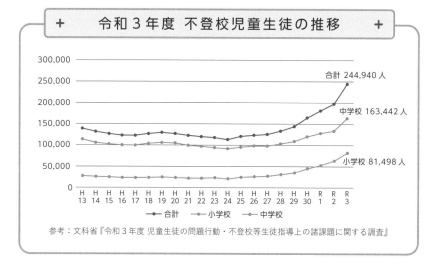

令和 3 年度 不登校児童生徒の推移

合計 244,940 人
中学校 163,442 人
小学校 81,498 人

参考：文科省『令和 3 年度 児童生徒の問題行動・不登校等生徒指導上の諸課題に関する調査』

ールカウンセラーが配置されており、子どもたち 1 人ひとりにカウンセリングの機会や保護者相談の場を作ることができます。また、不登校の背景に、発達障害や精神障害、睡眠障害などの医療的な原因があることも多いため、精神科、児童精神科、心療内科などの医療機関と連携し、対応にあたることも大切です。

　また、2016 年教育機会確保法の制定により、学校以外の教育機関（フリースクールなど）でも、学習や運動などの教育を適切に行っている施設では、校長先生の許可のもと出席と認めることも可能になりました。たとえば、不登校の子どもが児童福祉施設の放デイに通っている場合に、登校が認められる自治体も近年増えています。

　このように、不登校の対応には、多職種連携が求められますので、異なる立場の人がどのような役割を担っているのかを把握しておくことは大切です。

POINT!

● 不登校の支援では、様々な機関や多職種が連携して対応することが重要

第4章
不登校と発達障害についての支援のしかた

4-2

4つのステップ①
不登校支援におけるアセスメント

不登校の原因は様々であるため、多角的にアセスメントを行い、状況を
整理して対策を考えることが必要です。

💡 不登校の原因

　不登校の子どもの実態把握は大切です。たとえば、鈴木ら（2017）は、**不登校をきっかけに病院を受診した57%が広汎性発達障害（現ASD）、24%が不安障害の診断を受け、91%に睡眠障害や頭痛などの身体愁訴を認めた**と報告しています[*1]。

　このように、不登校の背景には発達障害等の障害があることが多いです。学習難易度が上がり、人間関係が複雑になる中学校では、小学校よりも不登校の割合は増えます。特に、学力の低下が登校意欲を下げる事例は多いため、学習困難・学習障害を抱える子に、どう勉強を教えるのか具体的な方法や学校体制を整備することも重要です。ほかにも、SNSやゲームを原因とする不登校も年々増加して相談件数も増えています。

　このように、**不登校は様々な原因があるため、多角的にアセスメントを行い、状況を整理して対策を考えることが必要です。**ここでは、不登校の子どもを対象にした2021年文科省の不登校調査である、「不登校になったきっかけについて」のアンケートが参考になります[*2]。最近の調査のなかでは高い精度で実態を反映していますので、参考にすることで、アセスメントの精度も高まります。次ページ図では、小学生（上）、中学生（下）の不登校のきっかけの理由を整理しています。

＊１　鈴木他 , 不登校と発達障害：不登校児の背景と転帰に関する検討 , 脳と発達 , 2017:49:255-9
＊２　文部科学省 (2021)「令和２年度 不登校児童生徒の実態調査」

POINT!

- 不登校の背景には、発達障害や不安障害などの障害があることが多い

小学校

項目	値
先生のこと(先生がこわい・体罰)	29.7
体の不調(登校しようとするとお腹が痛いなど)	26.5
生活のリズムの乱れ(朝起きられないなど)	25.7
きっかけが何か自分でもわからない	25.5
友達のこと(いじめがあった)	25.2
勉強がわからない、授業がつまらない	22
友達のこと(いじめ以外)	21.7
SNSの影響	18.1
学校に行く意味がわからない	13.6
その他	13.3
入学、進級、転校して学級に合わなかった	7.4
兄弟、友達に不登校がいて影響された	7.2
親のこと(親と仲がわるい、怒った)	6.7
家族関係(一家離散、家族の仲がわるい等)	4.9

0　5　10　15　20　25　30　35

中学校

項目	値
体の不調(登校しようとするとお腹が痛いなど)	32.6
勉強がわからない、授業がつまらない	27.6
先生のこと(先生がこわい・体罰)	27.5
友達のこと(いじめ以外)	25.6
生活のリズムの乱れ(朝起きられないなど)	25.5
友達のこと(いじめがあった)	25.5
きっかけが何か自分でもわからない	22.9
SNSの影響	17.3
学校に行く意味がわからない	14.6
その他	12.3
入学、進級、転校して学級に合わなかった	10
親のこと(親と仲がわるい、怒った)	8.9
家族関係(一家離散、家族の仲がわるい等)	6.2
兄弟、友達に不登校がいて影響された	5.9

0　5　10　15　20　25　30　35

回答：複数回答可

文科省（2021）『令和2年度 不登校児生徒の実態調査』をもとに作成

第4章

不登校と発達障害についての支援のしかた

131

4-3

4つのステップ②
不登校支援における構造的環境の調整

視覚過敏などに対して環境を調整し、マイルールへのこだわりが強い
ASD の子には、ルールが作られた経緯を説明することが重要です。

構造的環境の調整

次は、**アセスメントの結果をもとに適切な環境を考えていきます**。発達障害は全体的に環境の影響を受けやすい傾向があり、以下のような事例があります。

触覚過敏	大勢のクラスメイトと過ごすと、過剰に周囲に気をつかってしまい、疲労しやすい
聴覚過敏	騒がしい環境で、過剰な疲労を溜めてしまう
視覚過敏	外遊びで太陽の光を過剰に反応してしまい、疲れてしまう

このように、感覚過敏を抱える子どもは、学校内では過剰に疲れてしまうことが多くあります。そのため、疲れたら休憩できるスペース（クールダウンスペース、保健室、空き教室など）を設定したり、週のなかで自宅からオンラインで授業参加する機会を増やすなどの対策は有効です。このように、**継続的な登校のために、集団生活の一部を減らすという検討も大切**です。

ほかにも視覚過敏は学習への影響が大きいことが知られています。特に、教科書の白いページに光が反射して、文字が読めなくなっている子どもも多いです。その際は、「グリーンノートを使って反射の少ない教材に変える」「教科書にカラーフィルムを重ねる」「色付きのサングラスの使用を認める」など、光への環境調整が必要となります。

学校のルールを理解できない

学校環境の大切な要素に校則があります。ASD のマイペースへのこだ

構造的環境の調整

大人数に耐えられない
＝クールダウンスペース
＝オンライン授業の整備

給食を強要させられる
＝量を減らす、
　残すことを認めてもらう

騒音に耐えられない
＝イヤーマフの使用
＝避難訓練の配慮

学校のルールの意味がわからない
＝ルールの必要性を伝える
＝合理的配慮で例外を認めてもらう

わりが強い子のなかには、「**マイルールへのこだわり**」が強い子もいます。その場合、学校のルールに合わせた行動が難しく、ルールへの反発から不登校になる子もいます。小学校での不登校の理由は、「担任の先生との関係」が1位です。先生が十分に説明できなかったり、無意識に押しつけていたりする可能性もあります。

　しかし、このときに、「過剰なルールがわるい」と学校側を否定することをしてはいけません。集団で過ごす以上はルールが必要ですし、ルールがない学校のほうが荒れてしまい、不登校が増えてしまいます。**大切なのは子どもにルールが作られた経緯を説明すること**ですので、ルールの意義を学校側で確認していただき、どうしても難しい場合は先生と話し合いのうえ、「合理的配慮」という形で、特性に合わせた環境調整をしていきます。

POINT!

●「担任の先生との関係」が小学校での不登校の理由として一番多いため、子どもとの話し合いや合理的配慮も検討していく

4-4

4つのステップ③
不登校支援における人的環境の調整

不登校は対人関係が原因となることが多く、いじめに対しては学級内の対応と学校全体での対策が必要になります。

担任の先生との関係

　不登校では、友人関係でのトラブルやいじめ、担任の先生との関係性の悪化や体罰、保護者との関係をメインとした**対人関係の原因が多いです**。また、表面上トラブルはなくとも「友達が少ない」「休み時間にどうすればいいかわからない」など人間関係がうまくいかずに、登校できない子もいます。

　担任の先生との関係が築けないことで不登校になっている割合が、小学校では1位、中学校で3位となっています。「友達は好きだけど、先生が大声で怒鳴る」「友達が怒られていると、私もビクッとなってこわい」など、威圧的な先生の態度が原因の可能性があります。

　あるいは、「学校の授業が簡単すぎる」「先生が当たり前のことしか言わない」など、授業で面白さを感じていない子どもが「学校に行く意味がない！」と積極的不登校になったりするケースもあります。

　メディアでは注目されやすい層ですが、文科省調査で該当すると思われる「学校に行く意味がわからない」の項目は、小学校で13.6%、中学校で14.6%となっており、必ずしも高い割合で存在するわけではありません。むしろ、**不登校の子どもの80％以上は積極的不登校ではない**という事実を押さえたうえで支援を考える必要があります[*1]。

　また、担任が原因といっても体罰が原因とは限りません。とてもやさしく子どものことを考えているが、子どもの特性を十分に知らなかった

[*1] 文科省 (2021)「令和2年度 不登校児童生徒の実態調査」

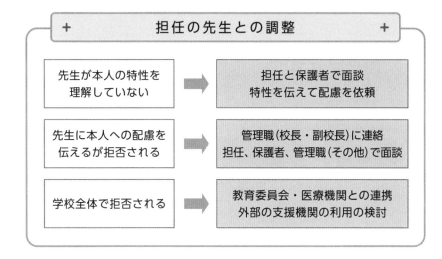

り、考えを受け止められなかったりすることで、すれ違いが起きている
ケースもあります。

　環境調整の際は、まず家庭と担任で話し合い、対策を考えます。LDが
あって学習支援が必要な場合は、加配の先生をつけて個別支援、取り出
し授業、補習などの形でのサポートも可能です。

　また、担任が本人の特性を知らない場合は、保護者から具体的なやり
方を伝えることが必要な場合もあります。その際には、家庭で**サポート
ブック**を作っておくと、スムーズな情報共有が可能です。テンプレート
を無料公開している自治体は多いですし、（株）LITALICOなど民間の
立場からサポートブックの書式を公開しているHPもあります。作成し
ておくと、学年が上がったり、転校で先生が変わったりしても、すぐに
情報共有が可能です[*2]。

🔦特別扱いをしない先生

　そのうえで、「特別扱いは認めていない」「保護者の言い分を聞く気は
ない」という意見の先生もおられます。話し合っても難しい場合は、担

---

*2　HP: 株式会社 LITALICO サポートブックとは 〈https://junior.litalico.jp/about/hattatsu/
　　supportbook/〉

任の先生ではなく、校長先生など学校の管理職の先生に電話をして、第三者の先生（学年主任、副校長先生、校長先生、特別支援教育コーディネーター等）が入った面談を希望します。

　一方、先生側が「親の育て方がわるい」と偏見をもっていたり、あるいは保護者が「この先生は指導力がない」など、責任を一方に決めつけて話し合いが困難な場合があります。したがって、2-14で紹介したように、複数人で話し合い、中立的な立場で話を整理する人を擁立して、話し合いがスムーズに進みやすくすることも必要です。

　それ以上話し合っても改善が難しい場合は、さらに上の教育委員会、または医療機関に相談し、合理的配慮を依頼するために一筆書いていただくようお願いをするなど、より立場の強い人に協力を依頼することもあります。場合によっては、来年度のクラス替えまで待つ必要があることもありますし、地域の不登校教室（旧：適応指導教室）やフリースクールの検討を始めるなど、次の対応に移ります。

友人関係の調整

　いじめなどの人間関係が原因による不登校は、全体の約1/4に相当します。発達障害の子どもは、定型発達の子どもよりもいじめ被害に遭遇する確率が高いことが知られており、Twyman（2010）は、症状ごとに被害者、加害者、仲間外れになる子どもの割合をまとめています[3]（次ページ表）。

　表を見ると、定型発達の子どもより、ASD、ADHD、LDの子はそれぞれ割合が有意に高くなっています。一見、多動・衝動性のあるADHDの子は、加害者になる確率が高いと感じるかもしれませんが、実際は定型発達の子どもと比べて加害者率は高くありませんし、被害者になる確率は約4倍です。

＊3　Twyman, KA.,et al. Bullying and ostracism in children with special health care needs. J Dev Behav Prediatr.31:1-8,2010.

発達障害といじめ

タイプ	いじめられた	いじめる	仲間外れ
定型発達（N=73）	8.5%	9.1%	8.6%
自閉症（N=32）	29.0% *	6.5%	42.9% *
ADHD（N=100）	29.2% *	12.5%	27.0% *
学習障害（N=34）	24.2% *	30.3% *	18.2% *
その他精神障害（N=33）	21.2%	12.9%	21.2% *

発達障害の子どもとそうでない子どもがいじめられる確率（＊定型発達との間に有意差あり）

　一方で、LDの子が、加害者となる割合が高く出ています。これは仮説ですが、LDの子どもは、勉強が重視される学校で過ごすめに、他の子より失敗体験を積んでストレスを溜めやすいことが影響しているのではないかと考えられています。

　また、仲間外れの場合は、ASDの子が約4割と高い傾向にあります。ASDはコミュニケーションの課題を抱えるため、学校に気が合う友達が少なくなる傾向があります。友達がおらず、仲間外れにあってつらい思いをして不登校になるのは当然のことです。

　この仲間はずれは、ASDだけでなく、ADHD、LD、その他精神疾患すべての段階において、定型発達の子どもよりも割合が高く出ており、特性を抱えた子の学校適応の難しさを痛感します。このように、「いじめ」という側面を見ても、発達障害の子どもが二次障害になりやすいことがわかります。

　現在、特別支援学級（自閉症・情緒障害特別支援学級、知的障害特別支援学級）の数が全国的に増加していますが、背景には「発達障害の子どもは通常学級ではいじめられるから、特別支援学級を希望する」と要望する保護者が増えていることも影響していると感じます。

💡 いじめ対策 〜加害者側への対応〜

いじめ対策は、学校内の出来事であり、解決の難易度が高いのが現状です。担任の先生が対応できない児童生徒がいる場合は、1年間現状がそのままか、むしろ悪化するケースがほとんどです。

このような現状を踏まえたうえで、下記などの手段をとり、いじめの悪化防止、解決を目指します。そして、担任の先生1人ではなく、学校でチームを組んで解決を目指すことが重要です。

- 座席の配慮＝相性が合わない子と離してもらう、仲のいい子で固めてもらう
- 加害者側の子に役割を与える＝他の子への関心を下げる
- 先生同士で連携＝被害児童生徒を常に先生が監視可能な位置にする
- 校内で話し合い＝加害者を出席停止（一時的に登校を禁止する）など

💡 いじめ対策 〜学校全体の対応〜

いじめの対策では、**学校全体の予防プログラムも大切**です。たとえば、国立教育政策研究所の生徒指導・進路指導研究センターでは、記名式アンケートよりも無記名式アンケートを推奨しています[4]。実際、いじめの発見に最も有効といわれており、学校で定期的に実施することは重要になります。

そのほか、次ページ下表のような組織としての体制整備が重要です。いじめが存在するのに不登校の子どもが学校に来ることはありませんので、まずはいじめの解決に力を注ぐことが必要です。学校側は、何も環

---

[4] 文部科学省国立教育政策研究所「生徒指導リーフ いじめアンケート」
〈https://www.nier.go.jp/shido/leaf/leaf04.pdf〉

いじめがあった場合の対応	
学級内での対応	**学校全体での対応**
● 加害者児童生徒との面談 ● 座席の調整 ● 加害者児童生徒への役割付与 ● 加害側、被害側の監視体制の強化 ● 出席停止措置の検討	● いじめアンケートの実施 ● いじめ当事者の講演会の開催 ● 学級編成 ● 授業・学級経営の研修体制 ● 働き方改革

境を変えていないのに、再登校の促しはしないようにしましょう。

- 定期的に子ども1人ひとりと対話をする時間を設定する
- クラス編成で相性のわるい子を異なるクラスにする
- いじめリスクが高い子どもは、仲のいい子どもを同じクラスに配置する
- 学級経営に慣れていない若手の先生や苦手な先生に対する育成体制を整備する
- 授業準備の時間を確保する
- 学級経営や授業と関係ない仕事の時間を減らし、先生に余裕をもたせる

💡 外部機関（不登校教室、フリースクールなど）の検討

　いじめや体罰など、明確に学校に来られない理由がある場合は、再登校は困難です。その場合は、少人数で勉強を見てくれる、**不登校教室やフリースクールなどの外部機関**に通ったほうが、安心して過ごせるかもしれません。

ただし、これは保護者が判断した場合であり、原因を抱える学校側から提案することはできません。フリースクールは、小中学校であれば月額3〜4万円の費用が必要になります。また、中学校を卒業し、サポート校に通う場合には、年間50〜100万円（2校分の費用）が必要になります。

　学校側は、できる手段はすべて実施しましょう。そのような取り組みをしたうえであれば、保護者も理解を得やすくなります。

POINT!

- 発達障害の子どもは、他の子どもよりもいじめ被害に遭遇する確率が高い
- いじめがあった場合、学級内と学校全体で対応し、場合によっては不登校教室やフリースクールなどの外部機関も検討する

4-5

4つのステップ④
不登校支援における本人への支援

不登校の経過モデルとして「前駆期・混乱期・休養期・回復期・助走期・復帰期」という段階を経ていくとされ、各状態への支援を紹介します。

不登校の経過モデル

4つ目のステップは、本人への支援です。不登校は自分に合わない環境から距離を取った結果なので、**誤学習ではなく、自分の心と体を守るために行った適応行動**です。

また、不登校への対応の目標としては、「学校に再登校することが目的ではなく、社会的な自立を目指すこと」という文科省の方針も明示されています[*1]。そのため、4つ目は「学校に行けそう」という登校意欲をどう取り戻すのか、あるいは、「学校は私には合わなかった」と自己判断して、別の道をどう検討していくのかという関わりの仕方を詳細に考えていきます。

不登校の子どもは、常に部屋に閉じこもっているわけではなく、様々な状態に変化をします。小柳（2020）は、不登校の経過モデルとして、心のエネルギーの状態に応じて、「**前駆期・混乱期・休養期・回復期・助走期・復帰期**」という段階を経ていくと提唱しています[*2]。

以下では、不登校状態の変化に応じて、支援を入れていく方法を紹介していきます。

不登校の前の段階での対応（前駆期）

不登校の子どもは、ある時、突然学校に行かなくなるわけではなく、「なんか今日学校に行きたくないな…」と登校しぶりをしたり、「○○さんとケンカしちゃったから、会いたくない…」と友達とのトラブルを口

＊1　文科省「不登校児童生徒への支援の在り方について（通知）」令和元年10月25日
＊2　小柳憲司（2020）『身体・行動・こころ から考える 子どもの診かた・関わりかた』新興医学出版社

第4章

不登校と発達障害についての支援のしかた

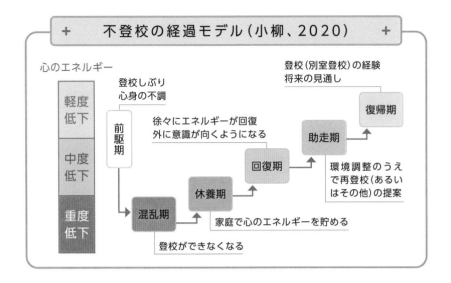

不登校の経過モデル（小柳、2020）

心のエネルギー

軽度低下
中度低下
重度低下

前駆期
登校しぶり
心身の不調

混乱期
登校ができなくなる

休養期
家庭で心のエネルギーを貯める

回復期
徐々にエネルギーが回復
外に意識が向くようになる

助走期
環境調整のうえで再登校（あるいはその他）の提案

復帰期
登校（別室登校）の経験
将来の見通し

にしたりするなど、予兆となる行動が見られます。そのほか、失敗体験、学業不振、頭痛や腹痛で学校を休む等の心身症状が出るなど、何かしら登校に抵抗を示す様子があります。

　この場合は、**まず子ども自身の悩みを察知する**ことが重要です。同時に、この前段階では、本人自身でトラブルを乗り越えたり、長期休みや学年が上がったりする等の環境変化で自然に解決するケースもあるため、話を聞いたうえで、「あと少しで夏休みだから、そこまではがんばろうか！」「今日行ってみて、それでもダメだったら、少し学校を休もうか」と、保護者のほうから少しだけ登校を促しても問題はありません。その少しの後押しで、乗り越えられる子も実際は多いです。

　ただし、応援されても「やっぱり無理！　行きたくない！」と拒否反応が見られたときは、登校に対するエネルギーが極度に低下している状態です。この場合は、「しばらく学校は休んでいいよ」とつらさに共感をして、しばらく休ませることが必要となります。

　また、ASDの子どものなかには、いじめ等の課題や頭痛などの心身症状が明らかに出ているにもかかわらず、**「学校＝行かなければならないもの」**とこだわり行動で登校している場合があります。

これは、不登校にはなりませんが、他の精神疾患に発展する場合が多いです。そこで、家族・先生と話し合ったうえで、学校を休ませたり、オンライン授業に変えたりして、無理な登校の抑制も検討します。

💡不登校を受け入れる　〜混乱期〜

　不登校は、登校をしぶる予兆が見られる（前駆期）ことが多いですが、ほかにも予兆に気づけず、ある日突然部屋に閉じこもる、家から出られず登校できないなどの状況もあります。この不登校直後の状態が「混乱期」です。

　子どもにとって、学校に行くことはある意味前提であり常識です。それにもかかわらず、登校できないのはかなり心のエネルギーが枯渇しており、心身ともに厳しい状態です。

　したがって、**子どもの「登校したくない」という気持ちを受け入れて、一定期間の休養を促す対応をします**。混乱期に無理に登校を促すと、親子関係まで崩れて支援が長引くこともありますので、注意が必要です。また、登校できない自分を責めてパニック・フラッシュバックを起こすケースもありますので、家族・先生ともに十分つらい気持ちを受け入れてあげます。

💡心のエネルギーを貯める　〜休養期〜

　混乱期の期間は子どもによって異なります。しかし、家族が受け入れて関われば、徐々に気持ちが落ち着いてきます。しかし、まだ心のエネルギーは枯渇していますので、心身を家庭で回復することを優先します。この回復期間を「休養期」と呼びます。

　休養期は、ストレスを減らし、家族（あるいは支援者）と何気ない会話を繰り返して、心のエネルギーを貯めることが大切です。部屋で何もしないで過ごすことが必要な子どももいます。ただし、１人で考えていると、自責の念に苛まれ、フラッシュバックや自傷行為に発展する可能性もあります。したがって、可能な範囲で、家族や信頼できる人とコミュニケーションをとり、心のエネルギーの回復に努めます。

不登校直後 ～休養期～	
心のエネルギーが枯渇 ➡登校が困難	家族・支援者が受け入れる ➡エネルギーが回復していく

安全基地の存在がエネルギーを回復させる

　このときに、**家族や支援者がアタッチメントを形成している安全基地であることが重要**です。もし、それまで家族間の関係性が多少わるかったと感じていても、家族・養育者が不登校を認めて、話を聞いてあげることで、信頼関係が構築されて十分、安全基地となります。

　実際、不登校の子どもが社会復帰する際には、家族関係が安定している子どものほうが回復は早いです。これは、血縁関係がない養育者、たとえば児童養護施設の場合でも、職員の方がゆっくり話を聞くことで、十分回復できます。

家族が関われないとき

　一方、母子家庭（父子家庭）や共働きだが、仕事が忙しく子どもと関わる時間がとれないご家庭もあります。その際は、下記など、安心して関われる人の設定を考えます。

- 働き方を会社と相談する
- 外部の支援サービス（不登校支援のNPO法人等）の活用
- スクールソーシャルワーカー（SSW）の訪問

もちろん、不登校直後は「誰とも話したくない」という子どもも多いため、すぐに関われないことがあります。しかし、エネルギーの回復には人との関わりは重要ですので、準備はしておきます。実際、部屋で1日何もせず過ごすと精神的にかなりつらいです。はじめは1人を希望していても、回復するなかで変化することも多いです。

💡 生活習慣の悪化に注意する

　休養期で注意するのは、生活習慣の悪化です。部屋に閉じこもると、「昼夜逆転し、睡眠時間が乱れる」「食事回数が減少する」「運動習慣がゼロになる」「ゲームに依存し、ほかのことをしなくなる」など生活習慣が悪化することが多いです。メディアでは、不登校経験者が「ゲームに依存してもいい、僕は復活できた」「昼夜逆転しても、なんとかなるよ」と発信しているケースもありますし、生活習慣が乱れても、社会復帰できる子どもは一定数います。

　しかし、大丈夫といえるのは、それを乗り越えた生存者だけであり、社会復帰できた不登校経験者の裏に、ひきこもりに移行し、何十年もそのままという家庭も存在します。この生存者だけが発信して、偏った情報が提供される現象を「**生存者バイアス**」といいます。支援として休ませることは大切ですが、そのほかに、今後を見通して動くことも重要になります。

　子どもの状況によって多少の生活の乱れは許容が必要です。目安を一律に決めることは難しいですが、たとえば、早起きは難しくても、午前中に起きることができれば、復帰に向けた活動に移行しやすくなります。また、食事も家族と食べられれば、昼と夜など最低2回以上は確保できるため、生活サイクルを家族に合わせることができます。このように、生活習慣をある程度維持できたほうが、エネルギーが溜まった後に、外へ出やすくなります。

　また、保護者から見ると、不登校中の子どもがゲームなど好きなことだけをしていると、一見わがままに見えることもあります。しかし、生

生活習慣の維持

不登校中は好きに過ごしていい？

▼

生活習慣がある程度維持されるなら、
回復するまで好きに過ごしても大丈夫

> エネルギーの回復を早めると
> 結果的に外に出る時期も早まる

活習慣が維持されているのであれば、今後のための休養期だと考え、許容することも重要であることは、保護者と支援者で共有するとよいでしょう。

なお、「回復期」（4-6）、「助走期」（4-7）、「復帰期」（4-8）については別項目で説明します。

POINT!

- 不登校は、誤学習ではなく、自分の心と体を守ために行った適応行動
- 不登校は、登校をしぶる予兆が見られる「前駆期」、不登校直後の状態である「混乱期」、心のエネルギーを貯める「休養期」などがある

エネルギーが回復してきたときの対応 ～回復期～

> 回復期は、外に出ることに慣れて再登校までの慣らし運転となるため、子どもの意欲に沿って外出の経験を積んでいきます。

少しずつ外への意欲が出てくる ～回復期～

「休養期」を過ごしていると、徐々にエネルギーが溜まり、「ゲームほしいな～」「この映画見たいな～」など、外への意欲が少しずつ見られるようになります。この意欲が見られたら「**回復期**」へ移行します。

乳幼児期は、家族のアタッチメントを背景に様々な行動にチャレンジします。これを「探索行動」といいますが、不登校の子も同様に、家族・養育者が安全基地でいると、安心感を背景に、探索行動的に外への興味が出てくると考えられます。回復期は、外に出ることに慣れて再登校までの慣らし運転になります。できるだけ、子どもの意欲に沿って外出の経験を積んでいきましょう。

何も言わないけど、明るくなってきた

「外に行きたい」と直接は言いませんが、保護者の方から見て、もとの明るさが戻ってきたと感じた場合は、「コンビニにアイス買いに行こうか！」「昼間は人が少ないから、映画見に行こうか！」「漫画の新刊出だから本屋さんに行こうか！」など、**子どもにとって気軽に行ける外出を提案してもよいでしょう**。

もちろん、不登校中のため「学校の人に見られる」のが嫌な子もいますので、その場合は友達・先生などの学校関係者には遭遇しないような提案が大切です。

学校復帰の意欲が見られたら

順調な子どもは、回復期の段階で「久しぶりに学校に行こうかな…」と自分で再登校を希望する子もいます。このように、自分で学校への意

第4章 不登校と発達障害についての支援のしかた

147

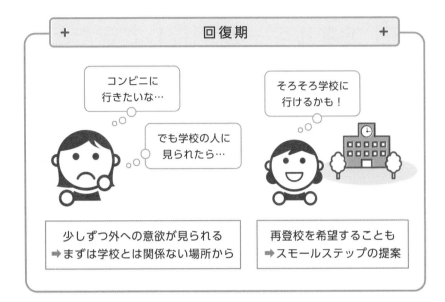

回復期

コンビニに
行きたいな…

でも学校の人に
見られたら…

そろそろ学校に
行けるかも！

少しずつ外への意欲が見られる
➡まずは学校とは関係ない場所から

再登校を希望することも
➡スモールステップの提案

欲が見られるのであれば、「**じゃあ、先生と相談して、明日の6時間目だけ学校に行ってみようか**」と登校の提案をしてもよいでしょう。

　再登校の意欲が見られるのは、保護者も先生にとっても嬉しい出来事です。すぐに登校させたくなるかもしれませんが、子どもはエネルギーが一度低下しているので、いきなり丸1日の登校は厳しいです。

　また、朝早く起きることが難しい場合があるので、お昼休み後の5時間目（あるいは6時間目）から登校すると、授業を受けてそのまま下校できるため成功体験になります。その後、「給食から」「4時間目から」と、スモールステップで少しずつ登校時間を増やせるように、提案をしていくと効果的です。

POINT!

- 子どもがもとの明るさに戻ってきたと感じた場合は、子どもが気軽に行ける外出を提案する方法もある
- 回復期の段階で子どもが再登校を希望する場合、登校時間を増やせるよう、スモールステップで提案することが大切

4-7
回復してきたときの対応 〜助走期〜

助走期において再登校を目指す場合でも、スモールステップを意識した提案をしていきます。

🔵 具体的な提案をしていく 〜助走期〜

心のエネルギーが回復して、もとの状態に近づいたら、「**助走期**」に入ります。**助走期では、主に、「再登校を目指す」「学校以外の場に通う」という2つの選択肢を考えます。**

再登校を目指す場合は、前提として学校内の環境調整が行われているかが重要になります。

いじめ・体罰や合理的配慮の不提供など、原因がそのままでは再登校は難しいです。下記などの環境調整があれば、再登校を促してもよいでしょう。逆にいえば、環境調整がゼロの状態で再登校しても結果は同じです。再登校の促しは、環境調整をする前提で行いましょう。

- 生徒指導は行われているか?
- 合理的配慮は可能か?
- 学年が上がるタイミングで、クラス編成を考慮して、再登校可能なクラスメイトや担任が設定されているか?
- 中学校などに上がるタイミングで、子どもの情報が引き継がれているか?

また、いきなりもと通りは大変ですので、**「週1回、2時間目まで。慣れたら徐々に増やしていく」「最初は保健室や生徒指導教室などの別室登校を週1日から」**など、スモールステップを意識した提案をしていきましょう。

一方、環境調整がうまくいかない、あるいは調整しても本人が行きたがらないという場合は、**学校以外の場所（第3の居場所）を探します。**

　現在の日本では、以下のような多様な学びの場が存在します。本人・ご家族との話し合いのうえ、進めていきます。

- 不登校特例校（自治体に存在する場合）
- フリースクール、通信制サポート校
- 別の学校へ転校
- 放課後等デイサービス（受給者証が必要）
- その他習い事（学習塾、NPO法人など）

　なお、親御さんが望む場合は、**ホームスクーリング（自宅学習）**でも可能です。しかし、共働き家庭が多い現状と、実際の親御さんへの時間・労力の負担を考えると、第3の居場所を探して通わせるほうがいいケースが多いと思います。

　特に、社会的な自立については「生活習慣の確立」が大きなテーマとなります。学校、あるいは第3の居場所で、本人が安心して学べる場所を探して通学したほうが、食事・睡眠・運動などが安定して自立のエネルギーも溜まりやすくなります。

　このように、正解はありませんが、本人にとって将来を見据えて必要なことを考えていきます。

POINT!

- 再登校を目指す場合、前提として学校内の環境調整が行われているかが重要
- 環境調整がうまくいかないなどの場合は、学校以外の場所（第3の居場所）を探す

復帰を見据えた対応 〜復帰期〜

> 夜型タイプや学習困難など、様々な子どもがいるため、本人に合わせた
> 進路・就労先を選択していきましょう。

再登校かそれ以外か 〜復帰期〜

限定的に学校に通える、第3の居場所に通学できているなどの状態であれば、いろいろな経験を通して成長することができます。この状態であれば、具体的な進路・就労の話を通して、将来のビジョンのもとに勉学に励むことになります。これを「**復帰期**」といいます。

たとえば、中学校で不登校になった子どもが、高校入学を期に再登校することもあります。人間関係のリセットできるタイミングであると同時に、高校は受験フィルターがあるため、同質な子どもが増えて学校で過ごしやすくなることが多いからです。

夜型タイプの子ども

体質的に、夜間のほうが調子がよい夜型タイプの子どももいます。この場合は、定時制・通信制など通学時間を選べる学校なども選択肢に入れます。もともと、朝早い登校が体質に合わずに登校できなかった子どももいます。不登校の子どもは、睡眠に悩みを抱えているケースが多いため、本人の得意な生活リズムに合わせて、学校選択を行っていくとよいでしょう。

学習困難の子ども

ほかにも、もともと学業困難・LD（学習障害）などがある子は、授業がわからずに単位が取得できず、卒業できないケースもあります。

最近は、ボランティア活動が単位になるなど、不登校の子や学業困難な子でも通いやすい公立高校や不登校特例校も増えています。長い目で見て子どもに合った学校を選んでいきましょう。

💡 医療連携

近年、不登校をきっかけに医療機関を受診するケースが増えています。不登校状態だと、子ども自身が病院に向かうことはなかなか大変ですが、保護者のみで受診しても相談に乗ってくれる医療機関も多いので、必要に応じて活用を検討するとよいでしょう。

再登校を目指した学校側と環境調整・合理的配慮の話し合いが難航し、断られるケースも一部あります。その際に医師より一筆書いていただいたり、ケース会議に参加してもらったりすると、スムーズに動けることもあります。

💡 必要に応じて手帳を取得する

発達障害、知的障害、不安障害など、特別支援が必要な子どもであれば、必要に応じて以下の手帳や受給者証の取得も考慮していきます。

- 精神障害者保健福祉手帳
- 療育手帳（愛の手帳）
- 自立支援医療受給者証

特別支援学校を視野に入れる場合は、**療育手帳（あるいはかかりつけ医の診断書・意見書）が重要です**。また、手帳や受給者証をはじめとした公的な支援制度は、長い人生を生きるうえで大切なものになります。公的なサポートを抵抗感なく使えることで、社会生活が安定することも多いので、本人の自己理解とともに、行政の手続にも慣れておくことが重要です。

> **POINT!**
> - 再登校を目指す場合や進路などを検討する場合には、医療機関との連携や必要に応じて手帳を取得することも考慮する

4-9

不登校と睡眠の課題①
ADHDと睡眠について

ここでは、ADHDの子どもが睡眠の課題をもってしまう原因と支援のしかたなどについて説明します。

😵 生活習慣の課題がある

不登校の子どもは、生活習慣の支援が必要になることが多いです。生活習慣は、食事・睡眠・運動を土台にしており、人間の発達に重要です。しかし、発達障害の特性があると、生活習慣の確立・維持が困難な事例が多く、特に不登校の子どもは、昼夜逆転して生活習慣が不規則になり、心身のエネルギーがさらに低下して、不登校が長引き、卒業後もひきこもりに移行することがあります。

このように、発達障害の子どもが陥りやすい生活習慣上の課題を知っておくと、不登校を予防したり、社会復帰を早めたりすることができることもあります。

💡 ADHDと睡眠

不登校の相談では、睡眠に関する悩みがよく聞かれます。「睡眠障害」とひとくくりにされがちですが、実態は、次ページ表のように様々な状態像があります。以下では、発達障害の症状別に、起こりやすい睡眠の課題と対処法を整理していきます。

ADHDを抱える人は、睡眠に悩みを抱えることが多いことが知られています。カナダで行われたADHD症状と睡眠の関連を調べた研究では、ADHDを抱える成人の約85％が、日中に過度の眠気を感じる、うまく寝つけない、途中で起きてしまうと回答しています[*1]。

また、ADHDのタイプ別に見ると、不注意優勢型ADHD（特に女性）

---

*1 Sleep and daytime function in adults with attention-deficit/hyperactivity disorder: subtype differences / Yoon-SYR, Jain-UR, Shapiro-CM / Sleep Medicine 14 (2013) 648-655

発達障害の子どもの睡眠の悩み	
入眠困難	布団に入っても寝つけない
起床困難	朝、起きることができない
中途覚醒	夜、何度も起きてしまい、まとまって寝ることができない
過眠	一般的な水準よりも長く寝ないと起きれない
睡眠時無呼吸症候群 (SAS)	寝ている途中に、定期的に呼吸ができなくなる症状
睡眠時遊行症 (夢遊病)	寝ている途中に、立ち歩いたり、動いたりしてしまう
睡眠時驚愕症	寝ている途中に、叫んだりパニックになり起きてしまう

の人は、特に睡眠の悩みや日中の眠気が強いようです。

💡 ADHD に多い過眠症状

ADHDの人が睡眠の悩みを抱えやすい理由は、まだ明確に判明していません。ただし、一般的な人より睡眠時間を長期化する過眠が多いです。これは、「多動で日中の活動量が多く疲れるため、長く寝ないと回復ができない」「注意力が低いが、周囲と同じパフォーマンスを求められてエネルギーを使い過ぎてしまう」など、疲れやすさを考慮されない環境の影響が大きいようです。そして、過眠で起床できずに登校できない、あるいは授業中に寝てしまうケースも見られます。

💡 過集中による入眠困難

別の要因として、ADHDの子どもは、夜にゲーム等で遊ぶことで「**過集中**」が発動して強くドーパミンが出て、頭が過度に活性化してしまいます。その結果、布団のなかでも考え事やイメージが次々に湧いて寝ら

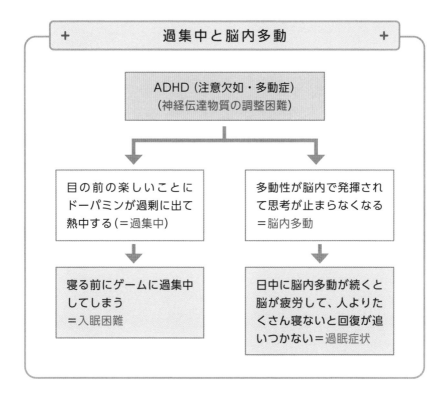

過集中と脳内多動

ADHD (注意欠如・多動症)
(神経伝達物質の調整困難)

目の前の楽しいことに
ドーパミンが過剰に出て
熱中する (＝過集中)

多動性が脳内で発揮され
て思考が止まらなくなる
＝脳内多動

寝る前にゲームに過集中
してしまう
＝入眠困難

日中に脳内多動が続くと
脳が疲労して、人よりた
くさん寝ないと回復が追
いつかない＝過眠症状

れないという入眠困難の相談も多いです。

　このような現象は「**脳内多動**」とも呼ばれます。本人は寝ようとして
も寝つけないため、朝方まで苦しみが続き、結果、登校エネルギーの低
下につながっていることもあります。

神経伝達物質の調整困難

　ほかにADHDのモチベーション課題も影響します。ADHDは脳内の
ドーパミン、ノルアドレナリンといった注意力を 司 っている神経伝達
物質の働きが弱いことが知られています（曽根, 2006)[*2]。

　そして、ドーパミンやノルアドレナリンは、集中力の調節（覚醒の調
節）を行うため、調節できないと、日中は頭がぼーっとしてしまい、話

＊2　曽良一郎 . モノアミントランスポーター . 樋口輝彦、神庭重信、染矢俊ら (編)KEY WORD 精 神 ,
　　第 2 版 , 先端医学社 , 東京 , pp 214-217. 2000.

を聞き逃したり、忘れ物が増えたりします。もともと、実行機能（ワーキングメモリ、計画性等）の働きが苦手で、不注意が多いADHDにとって、睡眠不足が合併すると、さらに症状が悪化します。その結果、失敗が増えると同時に、周囲からの評判も下がり、メンタルが悪化するという負の循環が生まれ、二次障害の可能性が上がるのです。

　反対に、ドーパミンは本人の興味が強い事柄ではよく働き、ADHDの人も集中して取り組めます。その結果、「興味のあることには頭が働くが、興味のないことには動けない」という行動につながります。このことから、ADHDは「**モチベーション障害**」ともいわれます。

登校へのモチベーションがない

　起床困難のADHDの子どものなかには、「**学校が楽しくない**」と答える子が多くいます。学校で失敗体験を重ねると、学校への意欲は当然下がります。その結果、「学校への登校にモチベーションが上がらない＝ドーパミンが出ない」となり、布団のなかで動けない・起きられないという状態につながり、結果的に不登校になることがあります。

　また、モチベーション障害があるADHDの子どもは、授業中に勉強が難しくなると集中力が下がり、「授業中によく寝る子」となります。これは、中学・高校と授業の難易度が上がると増えていきます。

　当然ですが、昼寝が多いと夜に眠くなるのが遅くなり、これが入眠困難の原因であることもあります。学校の先生には酷な話ですが、授業が面白い先生の授業では寝ないで参加できて睡眠の課題は減る、一方で、授業が苦手な先生だと睡眠の質が悪化します。これは、先生だけの責任ではありませんが、授業改善は子どもの生活習慣に大きな影響があるのも確かということです。

ADHDの睡眠障害への支援

　睡眠の問題への支援は様々ですが、ADHD特性を踏まえた睡眠指導で改善する事例もあります。たとえば、起床困難な子どもは、「どう時間の

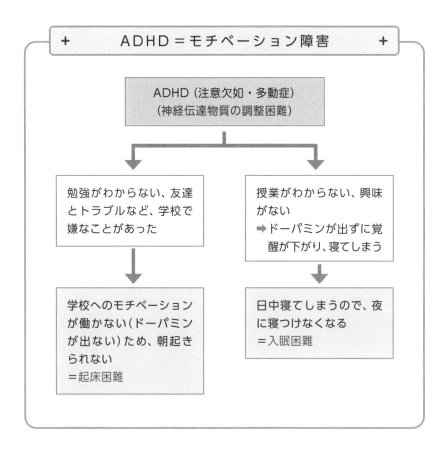

ADHD＝モチベーション障害

ADHD（注意欠如・多動症）
（神経伝達物質の調整困難）

勉強がわからない、友達とトラブルなど、学校で嫌なことがあった

↓

学校へのモチベーションが働かない（ドーパミンが出ない）ため、朝起きられない
＝起床困難

授業がわからない、興味がない
➡ ドーパミンが出ずに覚醒が下がり、寝てしまう

↓

日中寝てしまうので、夜に寝つけなくなる
＝入眠困難

意識をつけるのか？」と考えるのではなく、**「早く起きたら、こんないいことがある」「学校に早く行くとこんないいことがある」とモチベーションを高める具体物を設定すると効果的**です。

たとえば、「保護者が朝食で好きな食べ物を出す」「早く学校に行くとオセロで遊ぶことができる」「朝早く学校に行くと、朝の会の時間まで友達とドッチボールができる」など、早起きするメリットを設定することで、早起きと時間通りの登校ができる子もいます。そうして、成功体験を積んだり、自己コントロールの方法を学んだりすることで日々の登校に前向きになり、安定した登校につながることがあります。

また、根本に「学校が楽しくない」というモチベーションの低下があるなら、以下のように生活全体の見直す支援が必要です。

ＡＤＨＤの睡眠障害への支援

長期的な対応

学校での人間関係や学習状況のアセスメントをして環境調整を行う

短期的な対応

モチベーションの特性を活かして、学校に行くことにモチベーションを設定する

- 日中の活動量を上げる（学校、放課後の習い事など）
- 学校の授業への参加度を高める（合理的配慮等）
- 通級・不登校教室の利用
- 疲労を考慮した、休憩の設定

　このようにして、１日の活動量の適正化による過眠の解消や、授業中に参加できる割合を上げることが、結果的に日中の眠気の軽減につながっていきます。

POINT!

- ADHDを抱える人は、過眠症状や過集中による入眠困難などをもつことが多い
- ADHDは「モチベーション障害」ともいわれ、特性を踏まえた睡眠指導で改善する事例もある

不登校と睡眠の課題②
ASDと睡眠について

> ここでは、ASD の子どもが睡眠の課題をもってしまう原因と支援のしかたなどについて説明します。

ASD と睡眠の問題

ASDでも、約5割〜7割の人が睡眠に悩んでいることが報告されています（Levy, 2009）[1]。

また、睡眠障害があるASDの子どもは、睡眠障害のないASDの子どもと比較して、行動・対人関係の問題が多いことも知られています（Malow, 2006）[2]。反対に考えると、ASDの子どもも睡眠の改善を行うことで、ある程度の問題の発生や二次障害の予防ができるとも考えられます。

感覚過敏と睡眠

ASDの人が睡眠障害になりやすい理由に「**感覚過敏**」があります。聴覚過敏や触覚過敏があると、身の回りの様々な出来事に反応しやすく、たとえば、テレビが遅くまでついている、保護者が夜型の仕事で音や光が強い環境では、寝てもすぐに起きてしまい、中途覚醒に悩むことがあります。

そのため、静かで安心感のある環境が必須になります。著者も宿泊体験等で同じ部屋で寝たことがありますが、夜に見回りに行くと「なに？」とすぐに目覚めてしまうため、睡眠との相性のわるさを感じました。

したがって、騒音のない静かな環境を意識したり、音が減らせない場合は、反対に本人がリラックスする音楽を流して、音楽に集中させることで寝られるケースもあります。ほかには、青白い昼光色よりも、オレ

---

* 1 Levy SE, Mandell DS and Schultz RT : Autism. Lancet, 374, 1627-1638, 2009.
* 2 Malow BA, Marzec ML, McGrew SG, Wang L, Henderson LM and Stone WL : Characterizing sleep in children with autism spectrum disorders: A multidimensional approach. Sleep, 29 (12), 1563-1571, 2006.

感覚過敏と睡眠

+   +

ASD の感覚過敏

睡眠中に様々な刺激を感じ取ってしまう

ｚ ｚ ｚ……

- ●聴覚過敏
  人の声、生活音、いびきなどに反応して寝れなかったり、途中で起きてしまう
- ●視覚過敏
  電球やライトが明るくて寝れない
- ●触覚過敏
  寝ているときに家族や物にぶつかって起きてしまう

ンジ色の電球色のほうが刺激が少ないため、電球の変更で寝られることもあります。

記憶の課題と睡眠

ほかにも、嫌な記憶が残りやすく、フラッシュバックしやすいASDの子どもは、寝ているときにフラッシュバックした結果、「悪夢を見て、夜中に起きてしまう」という相談もあります。

その場合は、**睡眠環境だけでなく、本人の嫌な記憶、トラウマなどを含めた対応が必要**です。その際には、児童精神科等の医療機関のカウンセリングと連携します。その他、ASDの傾向として、「感覚過敏の強さ・不安の強さ・睡眠の問題」は連動して表われるケースが多く、睡眠の悩みをもつASDの子には、症状や身体特性を踏まえた睡眠指導が必要と

＊3　Mazurek MO and Petroski GF：Sleep problems in children with autism spectrum disorder: Examining the contributions of sensory over-responsivity and anxiety. Sleep Medicine , 16 (2) , 270-279, 2015.

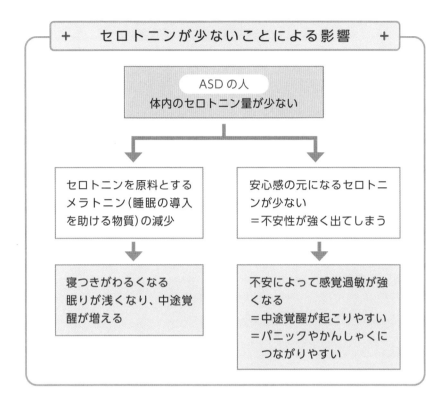

セロトニンが少ないことによる影響

ASDの人
体内のセロトニン量が少ない

セロトニンを原料とする
メラトニン（睡眠の導入
を助ける物質）の減少

安心感の元になるセロトニ
ンが少ない
＝不安性が強く出てしまう

寝つきがわるくなる
眠りが浅くなり、中途覚
醒が増える

不安によって感覚過敏が強
くなる
＝中途覚醒が起こりやすい
＝パニックやかんしゃくに
つながりやすい

なります（Mazurek, 2015）[3]。

セロトニンと睡眠

　ASDは「**セロトニン**」という心の安心感を司る神経伝達物質が体内に少ないことが知られています。セロトニンが少ないと、安心感が低下するので、うつ病や不安症などにも関連します。一方、**セロトニンは、人間が寝つくときに使用されるメラトニンという物質に変化し、睡眠導入をサポートする働きがあります**。セロトニン量が少ない人が、夜に寝つくのが苦手とする事例は多いです。

　なお現在は、発達障害の子どもの睡眠困難には「メラトニン（商品名：メラトベル）」という薬があります。また、保険適応ではありませんが、ラメルテオン（商品名：ロゼレム）という薬もあります。睡眠環境の調整、睡眠指導をしたうえでも悩みが減らない場合は医療機関への相

ASDの睡眠障害への支援	
環境調整	**負の記憶が蓄積しない ための配慮**
●感覚過敏に配慮した眠り やすい環境作り ●夜型の学校の検討	●ストレスが蓄積する要因を減ら す ●安全基地となる関係性を増やす

談につなげましょう。

🧠 ASDの睡眠支援

　朝型・夜型などの睡眠リズムは、個人差が大きいので、多くの朝型の学校に合わない子どももいます。その際は、定時制の学校や夜間中学校、通信制の中学高校などへの進学・転校を検討する場合もあります。聴覚過敏があるASDの人の場合、騒がしい日中よりも、夜に勉強や仕事をするほうが集中して効率よく働けることも多いです。本人の実態に合わせた環境の選択も重要になります。

　そのほか、起立性調節障害のため、朝、血圧が上がらずに起きられない子もいます。その際は、こまめに水分補給をして、血圧を一定に保つなどの対処が必要です。起立性調節障害は、欧米では原因が明確でなく、あいまいな症状との指摘もあり、実際、現場では上述した環境調整や人間関係の課題が改善すると回復することもあり、日々のメンタルの影響と無関係ではないと感じます。そのため、本人が起立性調節障害でつらいことに十分寄り添いつつ、環境調整や人的環境の調整も行いながら経過を見ていくのがよいでしょう。

> **POINT!**
>
> ●ASDの人が睡眠障害になりやすい理由に感覚過敏などがある

4-11

不登校と食事習慣について

ADHDの子どもは、衝動性のために食事への欲求を抑えられず、ASDの子どもは、感覚過敏やこだわり行動からくる偏食が多いです。

💡発達障害と食事習慣

　睡眠と同様に、「食事習慣」も重要です。特に、発達障害の子どもは、偏食や肥満、嚥下（えんげ）の苦手さ、二次障害で「摂食障害」を抱えるケースもあります。発達障害の子どもを育てる保護者の方は、半数以上が子どもの食事に悩みを抱えているといわれており、育児ストレスへの影響も考慮します[*1]。

　補足をすると、食事が原因で発達障害になることはありませんし、食事を改善したから発達障害が治るというエビデンスも現時点では存在しません。

　一方、栄養バランスが偏ったり、少食だったりすると、当然、集中力や判断力の低下など人間の行動に影響しますので、困り事が悪化するケースがあります。あるいは、不登校になって食事もまともに取らない子どもが、エネルギーが低下して再登校できないだけでなく、新しいことにチャレンジする力も失っているなど、二次障害の実態にも影響していることはよくあります。

💡ADHD症状と食事習慣

　ADHDの子どもは衝動性を抱えるため、食事への欲求を抑えられないケースが知られています。人間には自己抑制機能があるため、「これ以上食べたら気持ちわるい・食べ過ぎて太るからやめよう」と理性で判断できます。

　しかし自己抑制機能が低いADHDの子どもは、「これ以上は太ってし

---

*　篠崎昌子、川崎葉子、猪野民子他：自閉症スペクトラム児の幼児期における摂食・嚥下の問題（第2報）食材（品）の偏りについて,日本摂食・嚥下リハビリテーション学会雑誌,11(1),52-59,(2007)

ADHD＝自己抑制機能の低下

↓

お菓子などの好きな食べ物に対して
我慢がきかないことがある

↓

「家にお菓子を置かない」などの
環境調整が必要になる

まう、けど食べたい！」と、先を見通した我慢が苦手なため、高い肥満
リスクを抱えたり、過食症のような摂食障害になることがあります。

　衝動性は、気持ちを整えたり、周囲が声をかけたりしても変わらない
ため、「わかっているけど、やめられない」状況になることが多いです。
特に、お菓子などのカロリーが高い食品は衝動性が出やすく、「目の前に
置いておくと、全部食べてしまう」こともあります。

　したがって、**「最初から家にお菓子を買い置きしない」「その日食べる
お菓子しか買わない」など衝動性が出にくい環境調整が大切**です。目の
前になければ衝動性も出ないため、ADHDの子どももラクになります。

　キッチンに隠す方法もありますが、隠しておくと「あの棚の奥にある
かも！」と思い、キッチンや冷蔵庫によじ登り、うっかり落ちてケガを
してしまうなどのエピソードは数多くあります。

　別のケースでは、ADHD薬の「メチルフェニデート（商品名：コンサ
ータ）」を服薬中の場合、副作用で食欲が低下し、食べられなくなる子も
います。薬はメリット・デメリットの双方を考えて、用量の変更や他の
ADHD薬への変更、休薬などを医師と相談します。

このように、子どもが衝動性とつき合っていけるよう、適切な環境調整をご家庭や連携機関と一緒に考えることが重要です。

🔅 ASD 症状と食事習慣

ASDの子は、感覚過敏やこだわり行動からくる偏食が多いことで知られています。

たとえば、「触覚過敏」と呼ばれる皮膚感覚の過敏性が原因で、特定の食感ややわらかさの食べ物を極度にまずく感じてしまい、食べることができなくなってしまいます。

また、こだわり行動が強い子では、「**特定のにおいのする食べ物の拒否**」「**特定の色の食べ物しか食べない（あるいは特定の色の食材は食べない)**」など、本人の強いこだわりがあり、結果的に、毎回同じ食べ物ばかりになり、発育の遅さに影響することもあります。

ほかにASDの女の子では、自分の体型に完璧さのこだわりが発動し、過度なダイエットに傾倒してしまう子もいます。ASDのこだわり行動が発動し、「どんなにお腹が減っても食べない」という意志が勝つことがあるため、やせ細ったり、体調の悪化を防ぐために、適切な食事指導が必要になります。

🔅 偏食と不登校

上記よりASDの子への食育は重要ですが、ASDの特性はあくまで個性であり、強要しても食べられるとは限りません。「まずく感じる」「食感が気持ちわるい」という彼らの気持ちは本当です。**あくまで無理に食べさせることはしないようにしましょう**。

不登校と偏食は関係ないように見えますが、食事の強要はアタッチメントの形成にも大きな影響があります。保育園や学校で苦手な食べ物を食べることを強要され、それがトラウマとなり、アタッチメントも不安定になり、不登園・校になったという相談は寄せられます。

一方、個人差はありますが、その子の偏食の要因に合わせて調理の工

偏食で不登校になる？

偏食を抱える子は、苦手なものを食べるのはトラウマになるほど嫌悪感をもつ

↓

給食を強要されることがトラウマとなり、不登校になることがある

↓

ASD の子どもに関わる際に、偏食に関する知識・対応は重要になる

夫やアプローチをすることによって、食べられるものを少しずつ広げていくことも可能です。

💡 感覚の特性に応じた偏食対応

偏食対応の一例として、触覚過敏があると特定の食感、やわらかさの食材が苦手になることがあります。特に、複数の食材が混ざった料理は食感の予測がつきにくく拒否されやすいです。ほかにも、トマトの「プチュ」としたやわらかさや、焼き魚の小骨やワタの味の変化がこわくて拒否することもあります。

そのため、最初は食材を素材のままで食べてみて、単一で食べられるのか確認するとよいと思います。また、煮てやわらかくしたり、油で揚げてみたりして食感を変える方法は試す価値があります。歯ごたえがあるものが好きな子であれば、油で揚げて衣がついていると食べられることもあります。

また、においや味は調味料で味付けを変えることで食べられるようになる子もいます。あるいは、味覚が低反応（感じ取りにくい）の子は、濃い味付けにすると食べられることもあります。

感覚の特性に応じた偏食対応	
触覚過敏	食感が混ざっている食べ物が苦手（揚げ物、サラダ、焼き魚など） ➡食材を1つずつ食べてみる（ばっか食べ）
触覚鈍感	歯応えのあるものを好む ➡揚げて歯応えを出してみる
痛覚過敏（鈍感）	辛いものが苦手（辛いものが好き） ➡マイルドな味付けに変える
味覚過敏（鈍感）	辛いもの、酸っぱいものなどが苦手（味がしない、濃い味を好む） ➡調味料を加減して、味付けを変える
嗅覚過敏	酸っぱいもの、ハーブ系などにおいの強いものが苦手 ➡調理でにおいを抑える
嗅覚過敏	金属製のスプーンなどが苦手 ➡温度変化の少ないプラスチック製の食器を使う

　ほかには、不器用さや嚥下の苦手さがある場合は、かんで食材を小さくする、すりつぶすなどができないため、飲み込めない、あるいは丸飲みして苦しいので苦手という子もいます。

　このような場合は、食材のサイズを飲み込みやすく調理すると食べられるケースもあります。栄養バランスに関しては、学校の栄養士さんに相談することもおすすめです。

💡不安から起こる偏食

　こだわり行動から偏食が起きている子は、そもそも「不安が強い」というASDの子の気持ちに配慮することが重要です。読者のみなさんも、「このプリンは賞味期限が1週間過ぎているけど食べてみて！」と言われたら、味は普通でも「なんか、まずい気がする…」と感じると思います。

このように、食事は体を司る大切なアプローチなので、安心感・不安は味や食欲への影響が大きく、どうやったら安心して食べられるのかを考えていきます。

　1つの方法として、「**自分で選ばせる**」という方法があります。たとえば、みなさんは脇の下や脇腹を他人に触られると、くすぐったく感じてしまうと思います。これは、人体の弱い部分なのであえてくすぐったく感じるようにして、すぐに外敵の攻撃に反応できるようにするためです。

　一方、自分で自分の脇や脇腹を触るとどうでしょうか。おそらく、くすぐったいとは感じないでしょう。これは、**「自分が自分に触っている＝危険がない」と脳が認識しているため**です。同じように、感覚過敏のある子は、自分で選んだことであれば不安が減るため、過敏性が弱まります。したがって、スーパーやコンビニに行き、ASDの子どもに「食べられそうなものはどれかな？」と選んでもらうと、他人から出された食材より安心感が高いため、口にしてくれる可能性が上がります。

　また、食べるときは「自分で調理してみる」「調理をしている姿を見る」なども安心感を高めます。上記の手順を踏んでそれでも難しい場合は、サプリメントなどの栄養補給の手段を検討します。

> **POINT!**
>
> - 食事について悩みを抱えている発達障害の子どもは多い
> - 不登校と偏食は関係ないように見えるが、食事の強要はアタッチメントの形成にも大きな影響がある

不登校と運動習慣について

発達障害の子どもは運動の苦手さを抱えることが多いですが、運動は健康の土台にもなるため、子ども時代のスポーツとの関わりは重要です。

💡 スポーツの苦手さ

運動の視点も二次障害の予防には大切です。メンタルヘルスの安定には運動習慣は重要であり、運動不足は、肥満などの生活習慣病や二次的な問題につながることもあります。ここでは大きく、「スポーツ」「体の発達」「運動習慣」という3つの視点から運動について考えていきたいと思います。

発達障害の子どもは、運動の苦手さを抱えることが多いことが知られており、「**DCD（発達性協調運動症）**」とも呼ばれます。特に、男の子はコミュニケーションの一環としてスポーツを好む子が多いため、運動が苦手な子は相対的に失敗体験を積みやすく、自己肯定感が下がりやすいと言われます[*]。

学校のなかで失敗体験を減らすためには、勝ち負けよりも、運動の楽しさを知ることが大切です。楽しく勝負をすることも大切ですが、「負け続ける」という経験はやはり大きいです。特に、運動が嫌いになると、卒業後はまったく運動をしない発達障害の人も多く存在します。しかし、運動は健康の土台にもなるため、子ども時代のスポーツとの関わりは重要です。また、発達障害の人は、下記の順で難易度が上がります。

---

❶ 個人で競う競技＝陸上、格闘技、水泳、体操等

❷ 個人で競う道具を使うスポーツ＝テニス、バトミントン等

❸ 集団で競う道具を使うスポーツ＝サッカー、バスケットボール、バレー等

---

* 辻井正次, 宮原資英（監修）, 澤江幸則, 増田貴人, 七木田敦（編著）, 2019『発達性協調運動障害 [DCD]: 不器用さのある子どもの理解と支援』金子書房

発達障害を抱える人は、目と手の「協調運動」が苦手な場合も多く、サッカーなどのボール・敵・仲間の位置など、複数の情報の認識が必要なスポーツでは「視機能」の負担が多く、難易度は高くなります。

　あくまで、スポーツは子どもがやりたいものを選択するべきで、大人から強制するものではありません。保護者や身近な大人と自分には合った運動を日頃から考えてみること、そして、スポーツは楽しいことが前提であり、「やめたいと思ったらいつでもやめていい」というスタンスで接することが重要になります。

💡 体の発達としての運動

　運動経験は体の発達とリンクしています。たとえば、人間は生まれてから「寝返り・ずりばい、ハイハイ、つかまり立ち、独り歩き」と、多様な姿勢での運動経験を通して、「まっすぐな姿勢」「バランスのいい歩行」「箸や鉛筆を正しく持てる手の発達」などにつながります。

　一方、自閉症で体の筋肉が低緊張（力が入りにくい）の特性があるDCDの子どもは、寝返りやハイハイが難しく、発達の遅れや、発達を飛ばして成長することもあります。

　たとえば、運動経験が少なく発達の飛ばしがある子は、下記などの発達の影響が残ることがあります（詳しくは拙著『子どもの発達障害と感覚統合のコツがわかる本』［ソシム］に記載）。

- 寝返りがうまくできない⇨体幹の発達の遅れ
- 寝返りが片方しかできない⇨左右のバランスが崩れて片側の肩が下がる
- 四つ這いができなかった⇨背中の筋肉が発達せず猫背になる
- ハイハイの移動が少なかった⇨手首が返らず伸びてしまうので鉛筆を握り込んでしまう

　体の発達は、生活動作、言葉、コミュニケーション、勉強など、すべての活動の土台になります。また、身体発達は、適切なアプローチで改

善するケースが多いので、成功体験を積みやすく、二次障害予防としても取り組みやすいです。

💡 運動習慣の形成

運動習慣は、メンタルヘルスを考えるうえで大切です。もちろん、「大切なのはわかるが、運動は嫌い」「部屋にひきこもっているので、運動なんてできない」という意見もあります。

このように、専門の情報を知るほど「私には無理」となる子もいますので、運動のハードルを下げて考えてみることがおすすめです。

たとえば、「コンビニにアイス買いに行こう」「本屋さんに今週発売の漫画を買いに行かない？」と、興味のあることを使って、外に散歩しに行くだけでも運動になります。一方、「気晴らしに動物園に行こうか？」「秋葉原でゲームのイベントあるけど行く？」と、少し遠出をするだけで運動量は格段に上がります。

あえて、「運動したほうがいいよ」と伝えるよりも、本人の興味・関心に沿った提案をすること、また、興味・関心などの意欲そのものが低い子には、より取り組むハードルが低い活動を提案して、少しずつ運動習慣の形成を促すことから始めてみましょう。

> **POINT!**
>
> - 発達障害の子どもは、運動の苦手さを抱えることが多いことが知られており、「DCD（発達性協調運動症）」とも呼ばれる
> - 体の発達は、生活動作、言葉、コミュニケーション、勉強など、すべての活動の土台になる

発達特性を意識した不登校対応

ここでは発達障害の子どもの社会性について取り上げ、登校刺激のときのコツについても説明します。

💡 ASD は社会性の意識が苦手

ASDの人は、次ページ図のようなピラミッド構造を前提とした組織（会社など）のなかでの振る舞いが苦手なことが多いです。平たくいえば、「組織には上下関係がある」という事実を感じ取ることが苦手であり、むしろ「人は皆平等」という認識であることが多いです。もちろん、個人という単位で考えると平等の意識は正しいのですが、組織は「目的に対して集まり、活動する集団」という前提があるので、各々の役割を意識した行動が求められます。

しかし、この各々の役割をそもそも感じ取ることが苦手なため、先生が指示をしても、「なんでやらなきゃいけないんですか？」と理由を聞いたりします。これは、「先生の言うことだから動く」という考えが浮かびにくいため、指示内容の「なぜ掃除をするのか」という背景要因がわからないと、納得できずに体が動きにくいからです。

このこと自体はわるくありませんし、実際に本人は、純粋に理由を聞いているだけなのですが、先生のようにまとめる立場の人からすると、「言うことを聞かないなんて生意気な子だ！」と、わるい印象を抱いてしまうことがあります。

💡 ASD の子どもへの登校刺激のときのコツ

このように、先生からの提案も理由がわからなければ、スムーズに理解しにくい特性をもつため、登校を促す際に「そろそろ学校に来てみない？」と言われても、「なんで先生にそんなこと言われなきゃいけないんですか？」と答えるなど、提案に乗ってくれないことも多いのです。

それでは、どのように登校刺激をするのかといえば、「**平等な提案を意**

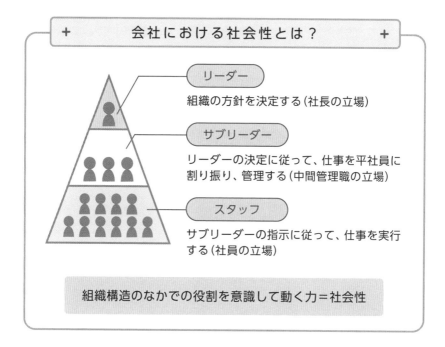

会社における社会性とは？

リーダー
組織の方針を決定する（社長の立場）

サブリーダー
リーダーの決定に従って、仕事を平社員に
割り振り、管理する（中間管理職の立場）

スタッフ
サブリーダーの指示に従って、仕事を実行
する（社員の立場）

組織構造のなかでの役割を意識して動く力＝社会性

識した伝え方」という手法が考えられます。

　たとえば、「**Ａさんのために、火曜日と木曜日の１時間目に空き教室で前田先生が来てもらって勉強をみてくれるようにしました。だから、Ａさん、火曜・木曜の１時間目だけ、学校に来てみませんか？**」と提案します。

　一方的に、「Ａさん登校しませんか？」ではなく、「Ａさんのために我々は、こんな準備をさせてもらいました。だから登校してみませんか？」というように、先にＡさんのために学校からメリットをプレゼントしてしまうのです。すると、ASDの子どもも「平等な立場なのに、いろいろしてもらってわるいですね。では、火曜・木曜の１時間目はご提案に乗って登校しましょう」と、学校側の提案に乗る理由が明確なので、お誘いに乗ってくれる確率が上がります。

　平等の意識が強いASD特性に対しては、一方的に学校に来てもらうのでなく、「学校側もＡさんのためにがんばりました」と先にメリットをプレゼントすることで、Ａさんも納得しやすくなり、再登校につながる

> **登校刺激は「平等を意識した提案」を**
>
> まずは週2日、別室登校
> からでどうでしょう？
>
> それなら
> 登校しましょう
>
> 登校刺激をするときは
> 交渉のつもりで提案する
>
> （条件・配慮を明確にして提案する）

確率が上がります。

注意すること

　平等を意識する声かけは大切であり、社会人の契約のようなイメージをするとよいと思います。しかし、この登校刺激のときは契約違反が結構起こりやすいという注意点もあります。たとえば、「Aさんよく登校してくれたね！　よかったら、少しだけクラスにも行ってみない？」というような提案です。

　先生としては、よかれと思った提案ですが、子どもからすると、「契約違反だ！」となるため、一気に信頼を失って登校意欲を奪ってしまいます。ちょっとだけと思って、大人の印象で安易に提案するのはやめましょう。もし、クラスに顔を出してもらいたいのであれば、「**Aさんが授業の負担が少ないように、ワークシートとタブレット端末を用意してみたよ！　だから1時間だけ参加してくれないかな？**」と、あくまで先に子どもにメリットのある提案をします。そうすれば、再度平等の意識が働き提案に乗ってくれる確率が上がるでしょう。

POINT!

- ●ASDの子どもへの登校刺激は、平等な提案を意識した伝え方で行う

4-14 不登校を予防する体制作り

不登校のターニングポイントは、「子どもの5日間連続休みを防ぐこと」といわれています。

💡 不登校の予防対策

　不登校は、子ども・家庭双方に負担が多いので、学校内で未然に予防することが大切です。以下では、不登校を予防する学校内連携の一例を紹介します。

> ・2日連続で欠席した…2日目の放課後担任が家庭に電話をする
> ・3日連続で欠席した…担任と学年主任から電話（可能であればスクールカウンセラーも入る）
> ・4日連続で欠席した…副校長先生が電話をして、放課後に担任と副校長先生で家庭訪問
> ・5日連続で欠席した…学校内で特別支援教育コーディネーターを中心にケース会議を開き、状況の整理（必要に応じて教育センターに連絡）

　このように、**休んだ日数に応じて、誰が何をするのか役割を決めた対応が効果的です。**不登校は、基本的に子ども側に学校が嫌になる理由があります。そのため、早期に動いて理由を把握することが対策になります。このときのターニングポイントは、「**5日間連続休みを防ぐこと**」といわれています。

　これは、平日5日間休んだ場合、前後の土日も含めて、9日間登校しない状態になり、登校のモチベーションが切れてしまうケースが多いからです。

　反対に、平日の5日以内にトラブルの解決や原因への対処をして、その週のなかで登校ができると、長期離脱の予防ができ、不登校になる確

率を大幅に下げることができます。

　学校に来ることがすべてではありませんが、学校が嫌な原因に早期に
対処すれば、そもそも子どもが苦しむことはなくなります。そのために
も、先生1人で対応するよりも、複数の立場の先生が、「いつ、どこで、
誰が、何をするのか」を決めておくことが連携のキーになります。

💡 トラブル対処への応用

　役割を明確にすると、不登校の要因になるトラブル対処にも応用でき
ます。たとえば、以下のような役割設定です。

- ケンカが発生したとき…担任が20分話を聞く
- 担任が聞いて解決しないとき…学年主任が入り、話を20分聞く
- 学年主任が聞いて解決しないとき…生徒指導主任が入り、話を20
  分聞く
- 生徒指導主任が聞いて解決しないとき…副校長が入り、話を20
  分聞く
- 副校長が聞いて解決しないとき…校長先生が入り、話を20分聞く

　このように、一定の時間で解決ができないと、上の立場の先生が来る
ように5段階の連携を設定します。すると、すべての学級で、一定レベ
ルの対応ができるため、トラブルの悪化を防ぐことができます。
　このような連携体制は、不登校の要因になりやすい子ども間のトラブ
ルを学校レベルで予防することが可能です。

POINT!

- 不登校の予防対策としては、休んだ日数に応じて、誰が何をする
  のか役割を決めた対応が効果的

第 5 章

二次障害を予防する
子ども対応のコツ

この章では、パニックがある子のケースや時間感覚の
障害がある子のケース、負の記憶が残りやすい子の
ケースなど、二次障害を抱える子ども対応のコツを紹
介します。

二次障害を抱える子ども対応のコツ①
パニックがある子のケース

ここでは、暴言をつぶやいているときや勝負に負けて荒れたときなどの
パニックへの対応について紹介します。

💡 二次障害の対応 〜パニック対応はどうする？〜

第5章では、実際に相談が多い二次障害をもつ発達障害の子どものケースへの支援事例を紹介します。

最初は、「子どものパニックにどう対処すればいいですか？」というご相談です。実際に、二次障害関連の相談のなかでもパニックやかんしゃくへの対応の相談は多いです。どのように回答すればいいでしょうか？

💡 パニックの原因は？

発達障害の子どものパニックは、第2章でも紹介しましたが、主に4つのケースが考えられます。ただし、パニックを起こしている最中は、大人が何か声をかけても、ただ暴れて意思疎通ができなくなることも多いです。そんなときは、たとえば下記などの対応があります。

- クールダウンスペースか、静かな場所に連れていく
- これ以上刺激を与えないために毛布をかける
- おさまるまで待つ

実際、パニックになって冷静な判断ができない子どもに、冷静に対応してもらうことは不可能なので、「落ち着くまで待つ」というのが現実的な解決策となります。

ただし、周囲の物を壊したり、物を投げたりすると危ないため、物が少ない静かなクールダウンスペースに移動させることは大切です。また、毛布は光などの視覚刺激を減らし、防音効果も高いので、新たな刺激でパニックを長引かせないために有効なこともあります。そうした環

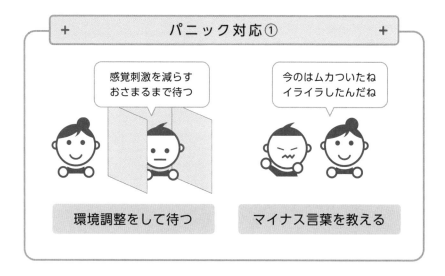

境調整で、少しだけサポートをすることも可能です。

💡暴言をつぶやいているよき

　パニックと呼ばれる現象も様々あり、たとえば、同級生との対人トラブルの場合は、全身に力を入れて「殺す！　殺す！　殺す！」など、暴言を連呼していることもあります。そんなときは冷静な会話は難しいですが、言葉を発しているため、マイナス言葉の言語化が役に立つ場合があります。たとえば以下のような対応です。

子ども「殺す、殺す、殺す…」
大　人「嫌なこと言われたんだね、ムカついたね」
子ども「殺す、殺す！」
大　人「ムカついたね！　あれはムカつくよ」
子ども「殺す！　ムカつく！　殺す！」
大　人「そうだよね！　ムカついたね！」
子ども「ムカつく！　殺す！　ムカつく！　殺す！」（以下、繰り返し）

　このように、**状況に合ったマイナス言葉を投げかけ、言語化していき**

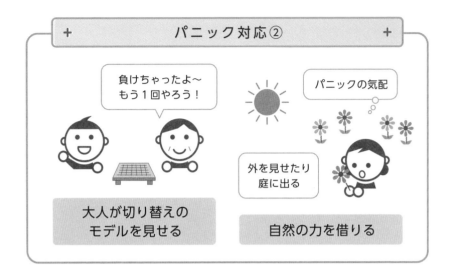

ます。同級生とのトラブルに「殺す」は強すぎるマイナス言葉なので、少しマイルドなより近い感情表現の言葉を投げることで、感情を抑えることができるようになります。

　マイナス言葉の語彙力が少ないと、「殺す」「キモい」など、強い言葉に感情が引っ張られてしまいます。適切なマイナス言葉のレパートリーを広げることで、同級生にからかわれても「あれはマジでムカつく」と適切に表現して、パニックまで行かないよう予防できます。

💡 勝負に負けて荒れる子ども

　勝負にこだわり、負けるとパニックになる子どももいます。そのような子には、**「切り替え言葉」の指導が有効なケースがあります**。もともと、負けたときに荒れてしまう子は、負けたときにどう振る舞えばいいのかわからないため、感情を処理できず暴れてしまうことが多いです。

　したがって、上図のように、最初に勝負を何回かして、大人がわざと負けて、「負けた！　残念！　もう１回やろう！」と負けてから切り替えるまでの姿を子どもに見せます。

　そして、子どもが「何度も勝利して気分がいい＋先生が切り替える姿を何回も見ている」というシチュエーションを作ると、大人が勝っても

「もう1回やろ！」と大人の姿をモデリングして、切り替えることができます。

　このように、ただ言葉で教えるのではなく、**大人が実行している姿をモデルにして何度も見せると、急なパニックになることが減っていきます。**

自然を見せる

　これは乳幼児期の子どもがパニックになっているときに、私がよく使う方法です。年齢が低いと、ふとした瞬間に保護者がいない不安でパニックになったり、友達とおもちゃを取り合って泣き出して、戻って来れないケースがあります。

　そんなときに、窓の付近にいき、外を見せたり、園庭に出て自然に触れると、おさまることがあります。経験上ですが、低年齢の子どもだけでなく、小学生〜中学生までなぜかおさまることが多いです。

　これは私自身、原理はよくわかっていませんが、無闇に声をかけて悪化させることも多いので、自然の力を借りて、子どもに冷静になってもらうのも1つの方法です。

POINT!

- パニックには、クールダウンスペースか、静かな場所に連れていく、これ以上刺激を与えないために毛布をかける、おさまるまで待つなどの対応がある

二次障害を抱える子ども対応のコツ②
時間感覚の障害やフラッシュバックがある子のケース

フラッシュバックなどはトラウマであることも多いため、専門の医療機関と連携することも必要になります。

💡 フラッシュバック

　パニックに近い内容として、「ASDの子どもがフラッシュバックをして、突然怒り出します。一体どうすればいいでしょう？」という相談があります。どのように回答すればいいでしょうか？

💡 ASD ＝時間感覚障害

　ASDの人は、負の記憶が残りやすく、昨日の嫌な出来事と1か月前の嫌な出来事、あるいは何年も前の嫌な記憶などが、時間軸と関係なく思い出される現象が多いことが知られています。この記憶が時間に関係なく保持されている状態を指して、**「時間感覚障害」** と表現することもあります。

　通常、人間は古い記憶は忘れていき、新しい記憶が多く残りますが、ASDはその法則が当てはまらず、突然、昔の嫌な記憶をフラッシュバックして、パニックになるといわれます。フラッシュバックや負の記憶はトラウマであることも多いため、専門の医療機関と連携することも必要です（負の記憶が残りやすいケースについては5-3を参照）。

💡 時間感覚支援

　他の支援方法として、そもそも頭のなかで時間感覚を整理することができれば、負の記憶が残りにくいのではと考え出された **「時間感覚支援」** というものも存在します。これは、時間の流れを視覚化して、時間感覚を育てるアプローチです。

　最初に、子どもと絵日記をつけていきます。そして、1か月ほど記録した後に絵日記をまとめ、子どもと整理していきます。すると、1か月

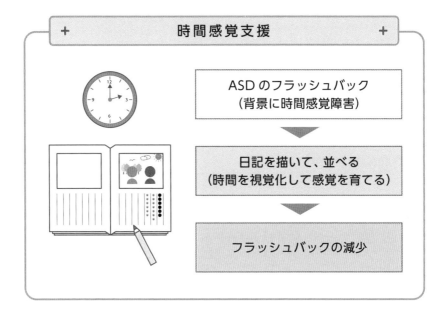

時間感覚支援

ASD のフラッシュバック
（背景に時間感覚障害）

↓

日記を描いて、並べる
（時間を視覚化して感覚を育てる）

↓

フラッシュバックの減少

の時間の流れが視覚化されて、**「日時が前のほうが古い記憶」「最近の日記は新しい記憶」という時間のイメージが脳内に育っていきます。**これが時間感覚支援です。

　エビデンスが多いわけではありませんが、情緒が安定し、パニックが減少するという報告もあります。また、書字やイラストが苦手な子どもは記録できる箇所だけでいいですし、写真や音声入力・代筆などで作成してもいいです。私自身、現場で実践して比較的効果を感じていた実践ですので、おすすめです。

POINT!

- 時間感覚支援は、時間の流れを視覚化して、時間感覚を育てるアプローチ

5-3

二次障害を抱える子ども対応のコツ③
負の記憶が残りやすい子のケース

ASDの子どもは負の記憶が残りやすいといわれ、対策のしかたとしては3つあります。

💡 負の記憶が残りやすい

「過去にあった嫌な出来事をしっかり覚えているため、『あいつは許さない』とずっと言い続けています」という負の記憶がいつまでも残って苦しんでいる子どもに関するご相談があります。一体どう回答すればいいでしょうか?

💡 負の記憶が残りやすいASD

ASDの子どもは、負の記憶が残りやすいことが多いといわれます。そして、過去にあった嫌な記憶をいつまでも覚えており、「あの時、やったことは忘れない」「どんなに親切にされても、あいつは嫌な奴だ!」と、負の記憶が消えずに、対人関係の構築が進まないケースがあります。

通常は、何年もすれば昔のことだからと忘れてしまうことが多いですが、ASDの人は、成人して何年経っても子ども時代の記憶があり、「一生許さない」と決めている人もいます。

さらに、**「わるい記憶をいい記憶で相殺できない」**という課題があります。通常、ケンカしたとしても、ほかに仲良く遊んだり、お土産をもらったりといい経験を積むと、マイナス経験は相殺されて印象はよくなります。しかし、ASDの人は、マイナス経験を忘れず、どんなにいい経験をしても、「それはそれとして、あの時君はこんなひどいことをした」と負の記憶がなかなか消えません。そのため、長くつき合ってくると、マイナス経験の負債が溜まっていき、ストレスが高まったり、友達関係が長続きしないなどが起こります。

このような認知特性により、ASDの人が二次障害を抱えることが多いことにも関連していると思います。

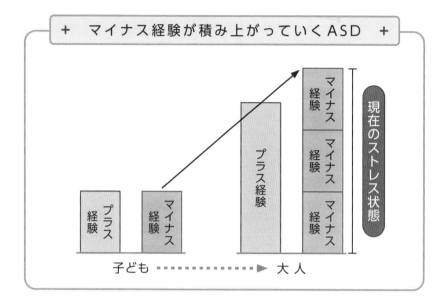

マイナス経験が積み上がっていくASD

マイナス経験

マイナス経験

マイナス経験

現在のストレス状態

プラス経験

プラス経験

マイナス経験

子ども ・・・・・・・・▶ 大 人

3つの対策

このような特性への対応は3点あります。

1つは、「**失敗が少ない環境設定**」です。そのため、人間関係や学習状況には常に気を配る必要があります。2つ目は、「**理由をつけて説明する**」です。気持ちを察したり、明文化されていない空気の読み取りが苦手なため、活動の理由を丁寧に説明し、同意をとってから活動に参加します。労力はかかりますが、マイナス経験の負債を将来に残すより、その場で解消するほうが効果的です。3つ目は、「**嫌なことがあれば、納得するまで話し合って終わる**」です。特に、明確な謝罪や損失と同じ対価をもらうなどのゴール設定が有効です。あいまいなまま終わったり、自分のほうが損をしていると感じて終わると、長期的に負の記憶を引きずるため、1つひとつのトラブルに丁寧に対応していきましょう。

POINT!

● ASDの子は、負の記憶が消えずに、対人関係の構築が進まないケースがある

二次障害を抱える子ども対応のコツ④
診断告知のケース

一次障害と二次障害の課題が子ども本人のなかで整理できず、悩んでいる場合には、診断告知が有効に働くことがあります。

💡 一次障害と二次障害の自己認知は難しい

発達障害（一次障害）と二次障害をもつ子ども（特に中学生〜青年期）のなかには、一次障害と二次的な課題の悩みが一緒になっているケースが見られます。

たとえば、ADHDを抱える高校生が、「友達との約束にいつも遅刻してしまう。私は友達を大切にできないひどい人なんだと思う」と悩んでいました。

この場合、**彼女には「時間を守って行動できない」という一次障害（発達障害［ADHD］）があります**。この特性のために「友達との約束を破ってしまう」という結果に対し、「私は友達を大切にできないひどい人」という、本来関係ないレッテルを自分に貼っているようなケースです。このように、発達障害の当事者は、

- 私は時間を守れない人、だから友達との約束を守れない
- 私は友達を大切にできない人間性、だから時間を守れない

のどちらが根本の問題なのか、しばしばわからなくなります。このような問題となる要因を整理していく過程で、多くの子どもがつまずき、状況が悪化していきます。

💡 診断告知が有効な場面

このように課題が混ざっている状態のとき、下記のように診断告知をするとどうでしょう。

診断告知の流れ

伝える内容を書き出す

● 診断名
● 今、子どもが困っていること
● 子どもの長所
● 困っていることへの
　具体的な対応

「あなたはADHDという状態をもっています」
「注意欠如・多動症といって、不注意、多動性、衝動性が見られる
のが特徴です」
「そのため、遅刻が多い、片づけが苦手、切り替えが遅いなどの行
動が出るといわれます」

　すると課題を下記のように整理でき、「自分は友達を大切にできない
性格ではなかったんだ」と理解できるので、心理的な安定につながりま
す。

・友達との約束に遅刻をする ⇨ ADHDが原因
・友人を大切にしない ⇨ ADHDが原因で起きている二次的な問題

　そして、「ADHD特性の理解と具体的な対策を考えよう」と、気持ち
を前向きにできます。もちろん、子どもの障害へのとらえ方は様々であ
り、一概に診断告知がいいとはいえません。
　しかし、課題が本人のなかで整理できず、悩んでいる場合には、診断

告知が有効に働くことがあります。特に、中高生思春期世代から青年期は、心理的な不安定さから二次障害につながることがあります。

　このような、自己認知の苦手さから起きる二次障害を予防するために、計画的な診断告知は重要です。

診断告知の手順

　上記のように、自己認知や自己理解を進めるための診断告知はどうすればいいのでしょうか？　決まったやり方はありませんが、以下に一例を紹介します。

　最初は、伝えるときにとまどわないように、伝えることを書き出してメモしておくことがおすすめです。特に、**「診断名」「今、子どもが困っていること」「子どもの長所」「困っていることへの具体的な対応」の4つは整理します**。苦手なことや困っていることだけでなく、できることや得意なことを一緒に伝えることで、メンタルへの影響が和らぎます。

　また、ただ、診断名だけをいわれただけでは、子どもは「これからどうすればいいの？」と不安になります。そこで、困っていることへの具体的な対応をその場で伝えることで、「じゃあ、こうすればいいのか」と気持ちを前に向けやすくなります。

告知の一例

　次ページに、保護者がASDの子どもに告知をするときの一例を紹介します。正解ではありませんが、事例がないと不安という人は参考にしてください。

　告知の例は、保護者の方が伝える想定で書きましたが、難しいようであれば、お医者さんや学校の先生にお願いをしても問題ありません。

　大切なことですので、保護者だけで悩むのではなく、関わる大人全員で考えていけばいいと思います。診断告知は、客観的に考えて受け入れるようになる思春期以降に伝えるとされることが多いですが、勘のいい子であれば、もっと前でもいいですし、障害に抵抗を示すのであれば、青年期に入ってからでもいいです。

■ 保護者が ASD の子どもに告知をするときの一例

「○○くん、大事な話があるので、聞いてください」

「あなたは、自閉スペクトラム症という症状をもっています」

「これは、先生や友達とか、人の気持ちや考えていることを察することが苦手という症状です。学校でケンカになっていたのは、この自閉スペクトラム症が原因だと思います」

「ただし、気持ちを察知するのが苦手なだけで、○○くんは、好きなことに熱中したり、ルールを守ってしっかり掃除をしたり、いいところがたくさんあります。人には得意・不得意があって、たまたま気持ちを察する力が苦手だっただけです。○○くんは、ほかに素敵な力をたくさんもっているから、強みを活かしてどう生きていくかを一緒に考えていきましょう」

「もちろん、苦手なことはちゃんと対策をすれば大丈夫です。たとえば、合わないお友達がいる場所は、最初から避けてもいいし、はじめて会う人には『察することが苦手なので、いろいろ聞いてしまうかもしれません。でも意味やルールがわかれば、ちゃんと動けるので教えてください』と、事前に伝えておけば、トラブルを防げますよ」

POINT!

● 診断を告知する際には、「診断名」「今、子どもが困っていること」「子どもの長所」「困っていることへの具体的な対応」の4つを整理し、メモに書いておくことがおすすめ

5-5

二次障害を抱える子ども対応のコツ⑤
場面緘黙のケース

場面緘黙は、家庭では話せるが、他の場所（特に園・学校）で話せないという精神疾患を指します。

💡 場面緘黙の子どもはどう支援すればいい？

二次障害として代表的な相談に「場面緘黙」があると思います。情緒障害として学校では扱われることもあり、相談件数も上がっていますので、代表的な支援を押さえていきます。

場面緘黙は、**家庭では話せるが、他の場所（特に園・学校）で話せない**という精神疾患であり、基本情報は以下です。

> ・出現率は約0.02 ～ 0.66％（地域によって差がある）
> ・女の子に多い（海外では男子が多いという報告もある）
> ・保育園・幼稚園に入る2～5歳で発症が多い
> ・不安障害の一種で、社交不安症を伴うことも多い（DSM-5）

学校現場では相談に上がってくることも多いのですが、「話せない」という性質上、どう関わっていいのかわからないという相談が寄せられます。
診断基準上、ASDとの併存はできないのですが、実態調査では、「場面緘黙の約83％にASD症状が併存していた」という報告もあり、発達障害特性を意識した支援が求められます[*]。

---

* Steffenburg et al., Children with autism spectrum disorders and selective AutismNeuropsychiatr Dis Treat 2018 May 7;14:1163-1169.
doi: 10.2147/NDT.S154966. eCollection 2018.

💡 安心して過ごせる環境をどう作るか

　場面緘黙は、6〜8割の子どもが自然に改善するため、「様子を見ましょう」と言われることもあります。しかし、早期からの支援で改善するケースもあります。そして、**場面緘黙は不安障害の一種であるため、「どのように安心感のある環境を作るか？」がポイント**です。

　たとえば、代表的な支援は「**交換日記**」です。話さずとも交換日記を使って筆記による意思疎通を繰り返して安心感が高まり、話しやすくなります。

　ほかにも、「家では話せるが、学校では話せない」という性質はありますが、発達障害とは異なり、機能的に話せないわけではありませんので、不安に配慮しながらスモールステップで話せる環境を拡大していくことが可能です。

　たとえば、学校から先生が電話をかけて、家で場面緘黙の子どもが出た場合、家にいる安心感から話せることがあります。すると、「先生と話せた」という安心感が生まれて、学校でも話せるようになることがあります。これは、電話だけでなく、ZOOMなどのオンラインミーティングでも可能ですので、試してみるものよいでしょう。そうして、少しずつコミュニケーションの成功体験を積んでいくことが重要です。

> **POINT!**
>
> ● 場面緘黙の約83％にASD症状が併存していたという報告もあるため、発達障害特性を意識した支援が求められる
>
> ● 場面緘黙に対しては、「安心感のある環境で成功体験を積んでいく」ことが大切なため、交換日記、電話、オンライン通話などの活用は有効

5-6

二次障害を抱える子ども対応のコツ⑥
ウソをつく子のケース

ADHD を抱える子やアタッチメントの不安定さをもっている子は、それぞれ別の理由でウソをついてしまうことがあります。

😃 ウソをつく子への対応

　「ウソをついてトラブルを悪化させる子がいます。先生にも平気でウソをつくため、やめさせたいです」というウソをつく子に関するお悩みは多いです。一体どう回答すればいいでしょうか？

　ウソをつく子どもの背景は様々ですが、基本的には下記の2種類に分かれます。

(1) ADHD の衝動性が高い子

　ADHD に代表される衝動性は、ウソをつく行動につながりやすいといわれます。たとえば、先生に叱られそうになったときに、「ウソをつけば逃げられる？」と思うと、瞬間的に「やってません！」と保身からウソをついてしまうことがあります。

　もちろん、長期的に考えると、ウソはつかないほうがいいです。しかし、目の前の短期的な安全（逃げられる）に衝動的に飛びついているため、後先考えずにウソをついてしまいます。

　結果的に、話を聞いていけばボロが出てしまいますので、子どもの話を聞いて整理していく過程でウソをついていることは判明します。また、何度もウソをついても通用しないことがわかると、「さっさと謝ったほうがトクだな」と学習するため、ウソをつかなくなっていきます。したがって、大人は子どものウソに騙されず、冷静に事実を整理していく力が求められます。

(2) アタッチメントの不安定さをもっている子

　もう1つは、**アタッチメントの不安定さをもっている子**です。アタッ

2つのウソをつく理由

バレたときの不安が
強く必死に認めない

穏便に逃げたいの
で笑ってごまかす

ADHDの衝動性から
ウソをつく

アタッチメントの不安定さか
らくる衝動性からウソをつく

チメントが不安定な子どもは、安全基地を求めて衝動的な行動（お試し行動）を繰り返します。そのなかで、**かまってほしくてウソをついてしまうことがあります。**

　ただし、ADHDの衝動性と異なるのは、強い不安をもっているため、「ウソがバレたときを想像して、強い不安を感じてウソを認められないことが多い」ということです。そのため、話が何度も食い違ったり、明らかにウソをついているが認めない、と厄介な事態になります。

　このケースは、本人も不安を感じているため、無理に真実を追求するよりも、「どうしたの？」と子どもの話を1対1でじっくり聞いてあげる対応のほうが、アタッチメントの形成につながり、ウソをつかなくなっていきます。

　2つのどちらかを見分けるのは難しいですが、より笑ってごまかそうとするのは（1）で、より必死で認めない場合は（2）のことが多いと思います。どちらの可能性でも、より適応行動の獲得につなげていきたいところです。

POINT!

●ウソをつく子どもに対しては、それぞれの特性に合わせて対応する

二次障害を抱える子ども対応のコツ⑦
ゲームに依存している子のケース

> ゲームに依存状態になるまでのめり込む子どもは、学校での生活に不満や課題がある場合が多いです。

💡 ゲームに依存している子ども

「子どもがゲームばかりして、宿題や家のことをまったくしません。どうすればいいのでしょうか？」というゲームに関するお悩みは近年、多いです。一体どう回答すればいいでしょうか？

子どもがゲームにのめり込んでいると、保護者としては不安になります。特に、不登校の子どもが、1日中ゲームをして過ごしていると、将来の不安が強く、焦ってしまいます。

しかし、まずはゲームをする子どもの背景を考えます。**多くの場合、ゲームに依存状態になるまでのめり込む子どもは、学校での生活に不満や課題があります**。たとえば、友人が少なく、放課後に遊ぶ約束がないのであれば、ゲームなどの手軽に楽しいツールで遊びたくなります。また、勉強がわからない、教えてくれないなどの背景があれば、宿題をするよりもゲームで遊びたくなります。

このように、ゲームにのめり込むのは、その他の日常生活がうまくいかないことの裏返しである場合が多いということです。したがって、ゲームを一概に否定するのではなく、その他の支援と組み合わせながら適応行動を増やせるように支援していきます。

💡 ゲームをしながら、他の課題ができないか考える

最近は、友達と遠隔でおしゃべりしながら遊べるゲームが増えています。ゲーム依存と思っていた子どもが、実はゲームを通して友達とおしゃべりをしており、友達との会話に夢中だったという場合もあります。このように、コミュニケーションの一環と考えれば、一概にわるいだけ

ともいえません。また、体を動かしながら進めるゲームであれば、運動経験を積むことができますし、最近はゲームの専門家がオンラインで指導しながら教えてくれる習い事もあります。大人の指導のもとゲームをするのであれば、社会性の育成というメリットがあるかもしれません。このように、ゲームを避けるのではなく、ゲームで子どもの力を伸ばすという発想も大切です。

その他の行動を増やせるか試す

たとえば、映画を見に行ったり、電気屋さんに新作のゲームソフトを見に行ったりするなど、別の行動の間はゲームをやりません。料理をする、ペットを飼ってみる、買い物に行く、創作するなど、今までやっていなかった別の活動を一緒にやってみることで、ゲームの時間が結果的に減っていくこともあります。

POINT!

- ゲームを否定するのではなく、その他の支援と組み合わせながら適応行動を増やせるように支援する

二次障害を抱える子ども対応のコツ⑧
性的な課題がある子のケース

性教育は、「相手が望まないことはしない」というコミュニケーションの能力を育てることになります。

性的な課題がある子ども

「子どもが性的なHPをずっと見ています」「学級の女の子に抱きついて問題になりました」という性的な課題に対する悩みは多いです。一体どう回答すればいいでしょうか？

早期の性教育は重要

性的な課題は、障害を抱える子どもを含めて、すべての教育で考えていくべき課題です。性教育は、突きつめると「相手が望まないことはしない」というコミュニケーションの能力を育てることになります。

しかし、ASDの子どもは、自分と他者の区別が苦手なことがあり、「大好きなAさんがB君と手をつないでいる。だから俺も手をつないで大丈夫だろう」のように、勘違いによるトラブルも多いです。そのため、**早期から人間は1人ひとり異なる存在であるということを教えていく必要があります。**

また、自分の欲求に逆らえず、女の子に抱きついて問題となるケースもあり、本人の問題の自覚の度合いによっては、好きな子どもから距離を離すという対応をする必要も出てきます。

その他の生活で満たされていない

ゲーム依存の話と同様に、友達関係の問題や勉強が苦手など、生活が満たされていないことによって、性的なことに興味が向いているケースも多いです。

したがって、性教育だけでなく、生活全般を見たときに、本人が困っ

ていることや支援が必要なことはないかを整理することは重要です。

■ 性的な課題がある子への対応

- 日常生活が満たされているか確認（必要に応じて支援を入れる）
- 性教育を進める

💡 代替行動の指導

　性教育や日常生活を見直したうえで、思春期に入り、「自己抑制が追いつかずに異性の先生への抱きつきやスキンシップが止められない」というケースもあります。その場合は、**性的欲求を満たす代替行動の指導も有効**です。

　たとえば、好きなアイドルやアニメができることで、欲求がおさまる子どももいます。また、中学生以降は、必要に応じてマスターベーションなど、自分で自分の性的欲求を発散する方法を教えることも有効です。その場合は、同性の保護者や先生からの指導が必要です。

　場合によっては、TENGAなどのセクシャルウェルネスアイテムを使うと指導がしやすいこともありますので、必要に応じて検討します。性的な興味をもつことはわるいことでありませんので、いかに適応行動に変えていくのかを考えていきましょう。

POINT!

- 性的な課題をもつASDなどの子どもには、早期から人間は1人ひとり異なる存在であるということを教えていく必要がある
- 思春期に入ってからは、性的欲求を満たす代替行動の指導も有効になる

5-9

二次障害を抱える子ども対応のコツ⑨
0-100思考の子のケース

> 思考の柔軟性は、自分以外の価値観を取り入れていかなければいけない
> ため、モデリングや数値化という方法があります。

💡 白黒思考、0-100思考

　「物事を0か100で極端にとらえてしまうので、テストで1問間違える
とかんしゃくを起こします。どうしたらいいでしょうか？」という「0-
100思考」に対する悩みはASDの子どもの支援者から多いです。一体ど
う回答すればいいでしょうか？

💡 思考の柔軟性

　0-100思考は「認知の偏り」と表現されることがありますが、あくま
で本人の個性の一部であることを理解する必要があります。

　しかし、周囲とトラブルになる場合は対処が必要です。0-100思考は
「思考の柔軟性がない」とも表現され、欧米では思考の柔軟性を高めるプ
ログラムも開発されています。

💡 どう支援するか？

　0-100思考の人への支援では、①0-100思考を認める、②ストレスを
下げる環境調整を行う、③価値観を増やすという3つのステップに分か
れます。以下に1つずつ紹介します。

❶ 0-100思考を認める

　「0-100思考」を支援するには、最初に「0-100思考を認める」という
ことが必要です。プロスポーツ選手や職人には極端に負けず嫌いな方々
が多いですし、自分が納得できるまで追求できるのは、場面によっては
才能となります。

　支援者が「0-100思考はわるいもの・治すべきもの」と考えるよりも、

「**一生懸命でいいよ！**」「**納得できるまで追求できるのは才能だよ！**」と、そのスタンスを認めていくことが、本人の不安を和らげることにつながっていきます。

❷ ストレスを下げる環境調整を行う

本人のスタンスを認める一方で、**ストレスを下げる環境調整が必要です**。たとえば、勉強で99点を納得できず、テストを破く子もいます。このように、0-100思考とテストは相性がわるいので、環境調整が必要になります。

たとえば、漢字50問テストでは、1つ間違えると100点は取れないため、ミスをすると一気にやる気がなくなってしまうケースがあります。そんなときは、「余白に問題の漢字を使って熟語を書けばプラス2点」というルールを追加します。

すると、1問間違えても熟語を書いて挽回することができます。そうして、「50問中40問正解、さらに25個熟語を書いたので、80点＋50点で130点です！」と、100の基準を超えられるので、気持ちが安定します。

💡アウトプットは正解がない

図工で自分の作品に納得できず、制限時間を過ぎても、作り続ける子がいます。「いい作品じゃない！」などと褒めても本人は動きません。0-100思考には、不安を払拭するための「**本人の納得**」が重要です。

したがって、「よくできているね！ 続きは放課後だ！」と、本人のこだわりを肯定して、納得できるまでできる環境設定を提案すると不安が減り、切り替えられます。

ほかにも、「**模倣を認める**」のは大切です。作文、絵画、作品、工作などのアウトプットの活動は、正解がないため、評価が不安になり、0-100思考が加速します。

そこで見本を用意して、「まずはこれを真似しよう」という展開にしま

す。すると、見本＝100点となってゴールが明確になり、不安が減ります。そのまま真似をしてもいいですし、真似をするなかで自分のアイデアが出たら、本人のアレンジを認めます。そうすると、「見本より上手だね！　120点だね！」と褒めて安心させることができます。そもそもの**0-100思考の100点を超えられる状況を作る**と、不安が減り、本人の自己肯定感を高めていくことができます。

❸ 価値観を増やす

　②の環境調整までを行うと、そもそも0-100思考の原因であった「本人の不安の軽減」「自己肯定感の向上」につなげることできます。そして、徐々に硬い態度も和らぎ、「これぐらいでいいかな！」「ちゃんと時間は守らなきゃね！」と柔軟に行動できたり、周囲のことを考える余裕が出てきます。

　その一方で、0-100思考は対人関係の問題として顕在化することが多いです。「一度嫌いになった人には二度と近づかない」「ルールを守らない人を非難してしまう」など、周囲と折り合う柔軟性をどう獲得していくかが重要になります。

　この思考の柔軟性を高めるためには、「**価値観を増やす**」という作業が重要です。価値観を変える方法もありますが、一度身につけた価値観を変えることは大変です。それよりも、新しい価値観を増やしていくほうが、基本的には簡単です。

💡 価値観を増やすモデリング

　価値観を増やすための基本は「**モデリング**」です。これは、0-100思考の子の周囲にいる柔軟性の高い子の行動を価値づけしていきます。そうして、柔軟性のある行動を真似させていく方法です。特に、集団のなかのリーダー的な子をモデリングすると、成功率が高いといわれています。

たとえば、掃除をサボる子がいたとしても、「まずはどうしたのかを確認します！」と柔軟なリーダーは発言します。このときに先生から、「ただわるいと決めつける前に、背景を確認するのは賢い行動ですね」とほめます。すると、0-100思考の子も、「まず質問しよう」という発想ができます。状況に応じて、態度を変えることは難しいですが、リーダー気質の子は建設的な意見を出すので、褒めていくことで0-100思考の子も行動レパートリーが広がって、徐々に1〜99の行動が理解できていきます。

　そのため、0-100思考の子も年齢が上がってくると、周囲の意見を取り入れて徐々に思考が柔軟になってくる傾向がありますが、これを早期から意図的に行うことで、思考の柔軟性を高めていくことができます。

💡 自己認知を促す数値化

　それ以外に「**数値化**」という方法があります。たとえば、様々な行動に対して「今の行動は何点か」を考えさせていきます。クラスメイトとケンカをした後に、「あなたの点数は何点ですか？」と自分の行動に点数をつけると、0-100思考の子は「90点かな！」など高めの点数をつけることが多いです。

　そこで、「**10点も反省するなんて素晴らしいですね**」と褒めます。数値化をすると、反省点を褒めることができるので、一時的に気分をよくすることができます。その後、「100点にするためにはどうしたらよかったかな？」と考えさせると、「お互い謝ってまた仲良くできればいいかもしれません」と、建設的な発想をすることができます。

　思考の柔軟性は、自分以外の価値観を取り入れていかなければいけません。そのため、その過程で気持ちが穏やかでいることが大切です。「数値化」という方法は、客観的な指標を使って褒めながら行動を増やしていけるので、おすすめです。

　このように、いろいろな対応によって価値観を増やしていくことで、

徐々に思考が柔軟になっていきます。

　もちろん、③の対応は①〜②を行ったうえで実施するのが前提です。基本的に人の考えを変えることは大変ですので、まずは支援者が柔軟に対応していくことが必須です。

> **POINT!**
>
> - 0-100思考の子への支援では、①0-100思考を認める⇨②ストレスを下げる環境調整を行う⇨③価値観を増やすという3ステップで対応する
> - 価値観を増やすための基本は「モデリング」であり、客観的な指標で褒めながら行動を増やしていける「数値化」もおすすめ

二次障害を抱える子ども対応のコツ⑩
通常学級と支援学級で悩んでいるケース

発達障害の「グレーゾーン」と見られた時点で、通常学級での生活で困り事が起こると考えたほうがよいでしょう。

💡 通常学級と支援学級どちらがよいでしょうか？

　「来年から小学校に上がりますが、通常学級で行くか、支援学級に行くか迷っています。どうやって決めればいいでしょうか？」という就学に関するご相談は保護者からのお悩みとして多いです。一体どう回答すればいいでしょうか？

💡 グレーゾーンは困り事が起きやすい

　まず、未就学児で療育につながっている子は、診断がなくとも発達障害特性を抱えているケースが多いです。

　基本的に、通常学級は集団行動が基本であり、先生の指示を聞いて動くという原則があります。しかし、ASDやADHDは、簡単にいえば「集団に合わせて動く」「先生の指示を聞いて動く」という行動が苦手で、努力では変えられないから、診断名として確立しているわけです。

　したがって、「**グレーゾーンと見られた時点で、通常学級での生活で必ず困り事が起こる**」と考えたほうがよいです。もちろん、個別の配慮が上手で勉強が苦手な子も参加できる高い授業力をもっているという先生も存在します。

　しかし現実的には、そこまでの実力はない先生に当たる可能性も当然あります。教員の質によってその子の教育環境が左右されるのは残念ですが、事実を受け止めて考える必要があります。

💡 勉強が得意かどうか

　もう1つは「**勉強が得意かどうか**」です。そもそも学校は勉強をする

場所であり、学校生活の約7割は授業です。

　行動面に多少の課題があっても、勉強が得意であれば、授業・テストで成功体験を得られる、友達からも褒められる、どんな先生でも活躍場面を作ることができるというメリットがあります。そのため、グレーゾーンでも勉強が得意であれば、通常学級でも過ごしていける可能性は高くなります。一方、行動面での課題がある場合、勉強が苦手であれば失敗体験や自己肯定感の低下などが予想されます。

　「行動面で課題はあるが、勉強は努力すればついていける」という実態であれば、特別支援学級で本人の進度に合った学習をして、二次障害を予防しつつ、着実に成功体験を積みながら成長できるほうがいいと予想できます。

🔘 勉強が得意かどうかの見分け方

　もちろん、未就学の段階において、勉強が得意かどうかを見極めるのは難しいです。しかし、

- 読み聞かせは好きか？
- 園でひらがな・カタカナ・数字は習得できたか？
- 音読はできるか？
- 自分で絵本や図鑑は読めるか？
- 机上課題に集中して取り組めるのか？
- 文字に対して嫌悪感をもっているか？

など、学習への取り組みと習得度で予想します。あるいは、WPPSI、KABC-Ⅱ、新版K式発達検査などのアセスメントをとっても、ある程度予想できるでしょう。

　厳密には、入学後でないとLD（学習障害）を判断するのは難しいですが、多くの年中・年長さんに教えている園の先生ならば、「得意・普通・苦手」などで分けることは可能かと思います。

- 未就学児で療育につながっている子は、発達障害特性を抱えて
いるケースが多い
- 発達障害のグレーゾーンでも、勉強が得意であれば、通常学級で
も過ごしていける可能性は十分高くなる

二次障害を抱える子ども対応のコツ⑪

ふざけて話を聞かない子のケース

子どもは、大人よりも周囲の目を気にして動くことがあるため、同級生がたくさんいる場所で、適切な行動の指導は入りにくいです。

指導しても話を聞かない子

現場の方から、「クラスでいつもふざけており、言っても聞かない子どもがいるのですが、どうしたらいいですか？」という相談を受けるときがあります。大人から適切な行動を教えるからこそ、適切な行動は増えていきますが、それができないと不適応行動の増加と二次障害の可能性が出てきます。一体どのように指導したらいいでしょうか？

周囲の目があると伝わりにくい

この質問は、学校現場やその他子どもに関わる様々な施設から寄せられます。すぐに解決できる問題ではありませんが、1つ、相談者の方々が見落としがちなのは、**個室で子どもと1対1で真剣に伝えているか？** という点です。

子どもは、大人よりも周囲の子どもの目を気にして動くことがあります。そして、大人の発言を無視することで、同級生に「叱られても大したことないぜ」というアピールをする子もいます。

また、「周囲の目があるなかで叱られて落ち込む姿を見られるわけにはいかない」という心理もあるため、そもそも子どもがたくさんいる場所で、適切な行動の指導は入りにくいのです。

1対1で指導をする

したがって、子どもに指導をするときは、「個室に入り、1対1」の環境を作ります。周囲の目がない分、無理に強がる必要性が下がるため、子どもも話を聞く体制が作れます。この話を聞く体制を作るだけで、おとなしく聞いて、指導が入る割合が増えます。

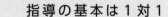

指導の基本は1対1

それはだめだよ

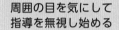

周囲の目を気にして
指導を無視し始める

周囲の目がないので、態度が
落ち着き指導が入りやすい

　また、個室にいると、子どもと大人だけの空間になります。成長期に入る前の子どもであれば、単純に大人のほうが体格が大きいため、適度なプレッシャーにもなり、余計に話を聞いてくれます。

　同級生が周囲にいると、「何かあっても集団で立ち向かえば大丈夫」という安心感を集団心理で与えてしまいます。しかし、個室ではそうはいかないため、子どもも冷静さを取り戻しやすくなります。

　もちろん、無断で子どもを個室に入れることに対して何かいわれるかもしれませんので、同僚の先生にひと言声をかけてから指導に入るとより安全です。生徒指導の基本ではありますが、忙しい現場ではつい忘れがちになりますので、再確認が大切です。

POINT!

● ふざけて話を聞かない子に対しては、個室に入り、1対1で指導
　をする

カバーデザイン　山之口正和（OKIKATA）
カバー・本文イラスト　寺崎愛
本文デザイン・DTP　初見弘一（TOMORROW FROM HERE）

子どもの発達障害と二次障害の予防のコツがわかる本

2023年10月10日　初版第1刷発行
2023年10月15日　初版第2刷発行

著　者　前田智行
発行人　片柳秀夫
編集人　志水宣晴
発　行　ソシム株式会社
　　　　https://www.socym.co.jp/
　　　　〒101-0064 東京都千代田区神田猿楽町1-5-15 猿楽町SSビル
　　　　TEL：(03)5217-2400（代表）
　　　　FAX：(03)5217-2420

印刷・製本　音羽印刷株式会社